SIMPLESMENTE IRMÃO

Cristina Siccardi

SIMPLESMENTE IRMÃO

*Gabriel Taborin,
o amigo do Cura d'Ars*

Dados Internacionais de Catalogação na Publicação (CIP)
(Câmara Brasileira do Livro, SP, Brasil)

Siccardi, Cristina
   Simplesmente irmão : Gabriel Taborin : o amigo do Cura d'Ars / Cristina Siccardi ; [tradução Luigi Ferrero]. – São Paulo : Paulinas, 2014. – (Coleção alicerces)

   Título original: Semplicemente fratello : Gabriele Taborin : l'anico del Curato d'Ars.
   Bibliografia.
   ISBN 978-85-356-3735-9

   1. Congregação dos Irmãos da Sagrada Família 2. Taborin, Gabriele, 1799-1864 - Biografia I. Título. II. Série.

14-02295   CDD-271.79092

Índice para catálogo sistemático:
1. Taborin, Gabriel : Biografia   271.79092

1ª edição – 2014

Título original: *Semplicemente Fratello. Gabriele Taborin: L'amico del Curato d'Ars*
© Edizioni San Paolo s.r.l., Cinisello Balsamo (Milano), 2010.

Direção-geral: Bernadete Boff
Editora responsável: Andréia Schweitzer
Tradução: Luigi Ferrero
Copidesque: Ana Cecilia Mari
Coordenação de revisão: Marina Mendonça
Revisão: Ruth Mitzuie Kluska
Gerente de produção: Felício Calegaro Neto
Projeto gráfico: Manuel Rebelato Miramontes
Referências iconográficas: Instituto da Sagrada Família, Chieri

---

Nenhuma parte desta obra poderá ser reproduzida ou transmitida por qualquer forma e/ou quaisquer meios (eletrônico ou mecânico, incluindo fotocópia e gravação) ou arquivada em qualquer sistema ou banco de dados sem permissão escrita da Editora. Direitos reservados.

Paulinas

Rua Dona Inácia Uchoa, 62
04110-020 – São Paulo – SP (Brasil)
Tel.: (11) 2125-3500
http://www.paulinas.org.br – editora@paulinas.com.br
Telemarketing e SAC: 0800-7010081

© Pia Sociedade Filhas de São Paulo – São Paulo, 2014

Sumário

Apresentação 7
Premissa 11
1. Quando o dever fica em primeiro lugar 17
2. A ideia toma forma..25
3. De camareiro a fundador...35
4. Belmont, pequeno paraíso 49
5. Sozinho com seu hábito...61
6. Quando Deus chama... 73
7. A liberdade está no fundo da regra...............................79
8. Irmã pobreza 93
9. Em Roma, visitando o Papa Gregório XVI 103
10. A estima do Rei Carlos Alberto 109
11. Uma amizade especial...115
12. No Calvário e no Tabor 127
13. Encontro com Pio IX 133
14. Tudo na cruz 141
15. Seu segredo 149
16. Sonhando a "trapa mitigada" 157
Bibliografia..167

Apresentação

Simplesmente irmão.

Parece tão imediato e fácil se declarar "simplesmente irmão".

Mas, ao contrário, conseguimos alcançar isso somente no fim de um longo caminho que perdura toda a vida.

"Ser simplesmente irmão" é a meta que tentamos alcançar no cotidiano, mas que nem sempre conseguimos atingir.

Chegar a essa conquista nada mais exige que descobrir que Deus é Pai e nós, sentindo-nos todos irmãos, nos encontramos mergulhados num horizonte mais amplo que o coração do homem.

Irmão Gabriel Taborin chegou a essa meta e, tornando fecundo o silêncio do crescimento, como a árvore que, sem fazer barulho, cresce, conseguindo a plenitude, fica maravilhado pela sua imponência.

Como para a vida dos santos, também para Irmão Gabriel, somos inclinados a procurar o extraordinário (aspecto que certamente não falta) sem penetrar na profundidade de sua experiência de irmão, exatamente porque um irmão está perto de você sem se arvorar a mestre. Seu maior fulgor consiste verdadeiramente na sua simplicidade de irmão.

O Venerável Taborin nos ensina que, para poder estar perto do ser humano, é necessário viver profundamente a experiência de Deus.

Ele tinha entendido isso muito bem. O círculo das relações completa-se e alimenta-se segundo uma lei precisa: quanto mais perto de Deus, mais se experimenta a proximidade do ser humano, do seu mistério profundo. Quanto mais próximos do ser humano, mais se experimenta a misteriosa proximidade de Deus.

Impressiona profundamente como Irmão Gabriel, tão ancorado no seu território, tão atento às comunidades cristãs, pequenas e grandes, tão pronto para fornecer instrumentos eficazes para a evangelização e a cultura, tivesse sempre no centro de cada um desses interesses a referência a Deus. Deus deve ser o primeiro a ser amado, Deus, o primeiro a ser servido, porque nele está a fonte do seu amor ao irmão.

Esse hino ao amor de Deus é ressaltado com os três verbos do namoro e do próprio amor: veremos a Deus, o amaremos, o possuiremos. E será o paraíso sem fim.

Não é talvez este o caminho, o verdadeiro caminho onde Deus nos quer para alcançarmos o seu coração de Pai?

Não descobriremos nós também, ao findar o caminho, o que João nos relembra com a mensagem mais original de Jesus: "Amai-vos como eu vos tenho amado"?

Não descobriremos com mais humildade que o mandamento de que mais precisamos é o segundo: "Ama teu próximo como a ti mesmo", para poder acreditar no primeiro: "Ama a Deus com todo teu coração, com toda tua mente, com todas as tuas forças"?

Tornar-se "simplesmente irmão" é descobrir o sentido de plenitude, de segurança que o texto evangélico nos dá e que Mateus nos apresenta como a chave de interpretação da mensagem evangélica: "Quanto a vocês, nunca deixem chamar-se de mestre, pois um só é o vosso Mestre, e todos vocês são irmãos. Na terra não chamem a ninguém de Pai, pois um só é o Pai de vocês, aquele que está no céu. Não deixem que os outros chamem a vocês de mestre, pois um só é o vosso Mestre, o Cristo" (Mt 23,8-12).

Chegar a ser "simplesmente irmão" é descobrir que a essência do cristianismo é o amor: amor ao Pai que nos torna irmãos por sermos seus filhos, amor aos irmãos para experimentar o amor filial ao Pai.

Irmão Gabriel nos ensina que, para chegar a Deus e aos irmãos, o lugar de encontro é onde vivemos e trabalhamos. Essa é a vinha onde Deus nos chamou a trabalhar. "Aí encontrarás teu Belém, teu Nazaré, tua Jerusalém, tua Igreja".

Irmão Gabriel Taborin nasceu e cresceu num território de fronteira, humana e espiritual. À beleza do território contrapõe-se o empenho de uma dupla e dura luta: manter-se cristão leigo, membro de um povo que combateu para defender sua fé num tempo de perseguição e se manter irmão. Melhor, tornar-se irmão.

Participou da reconstrução do tecido social e cristão, colocado em crise pela Revolução Francesa. Seu tornar-se simplesmente irmão identificou-se com uma obra de evangelização: "ajudar a ser honestos cidadãos para a sociedade e bons cristãos, santos, para o céu".

Aprendeu a amar a Igreja, a igreja real, aquela que cada um quer sonhar melhor e ajudar a construí-la melhor, na cotidianidade da fidelidade a Cristo.

Encontrou muitos que não simpatizavam com seu ideal. Mas encontrou também pessoas extraordinárias, como Dom Alexandre Raymond Devie, o Papa Gregório XVI, que aprovaram seu instituto desde o início, e de modo todo particular o Santo Cura d'Ars, São João Maria Vianney, que quis os irmãos em Ars e ajudou-os muito, especialmente lhes enviando vocações. Os irmãos, por sua parte, consideram o Santo Cura não somente como insigne benfeitor, mas como guia e estímulo para a espiritualidade da humildade e da simplicidade, vividas em Nazaré por Jesus, Maria e José.

Cristina Siccardi ficou fascinada pelo fato de ver na transparência da encarnação, em situações de cotidianidade, um ideal que fala por si mesmo. Seu olhar revela a surpresa dos lugares da encarnação, lugares que podem deixar alguns indiferentes, mas que fascinam aqueles que ainda conseguem lembrar os trinta anos de Jesus em Nazaré com Maria e José, lugares humanos e espirituais onde Irmão Gabriel viveu sua fé.

A autora, como quem lerá esta breve biografia, comparou Irmão Gabriel com outros santos. Nessa comparação quis sublinhar a novidade de Irmão Gabriel, que almeja poder ser percebida e praticada pelos leitores. E esta é também minha esperança, sempre mais convencido de que "trabalhar com constância para tornar-se 'simplesmente irmão' é um grande e sublime ideal de vida humana, cristã e religiosa".

Irmão Lino Da Campo
Superior Provincial dos Irmãos da Sagrada Família.

Premissa

Cruzar os confins além da Saboia, Sudeste da França, significa mergulhar num espaço geográfico e histórico no qual tudo fala. Basta ter a paciência de seguir a linha topográfica percorrida por Irmão Gabriel Taborin, dedicando sua vida pelos jovens e pelos sacerdotes, para saborear uma peregrinação de espiritualidade autêntica na encantadora e poética região Rhône-Alpes, onde os cisnes completam com sua elegância as pinturas de uma paisagem idílica.

Homem de pensamento e ação, nascido numa terra onde muito se valoriza o trabalho, nunca procurou poupar-se e tentou recuperar incansavelmente na população de seu território a fé católica destruída pela Revolução Francesa, que na época, mesmo tendo contribuído para escrever "os direitos do homem", não soube respeitá-los com os cidadãos, culpados de serem fiéis a Cristo, à Igreja de Roma e ao rei.

Irmão Gabriel, que não escolheu o sacerdócio, pois pensava não ser seu caminho, sempre se pôs a serviço da reevangelização, colaborando com os sacerdotes e os párocos, em particular nas escolas paroquiais. Um aspecto bem peculiar que não tem outros exemplos de tal porte na história da Igreja. Amava embelezar os altares, cuidar das sagradas alfaias e empenhar-se na procura do belo canto litúrgico, aspecto que parece ter-se mantido, como se pode constatar nas igrejas desses lugares, onde órgãos e corais exaltam a sacralidade das cerimônias que apontam para o transcendente.

Era apaixonado por todas as atribuições do sacristão, e essa paixão ele conseguia transmitir a seus alunos, dos quais cuidava, sem dúvida, do aspecto instrutivo e cultural, mas era de importância fundamental a instrução catequética que alimentava e regenerava os espíritos congelados pela onda jacobina, antirreligiosa e antieclesiástica que perseguiu com violência homens e mulheres.

Irmão Gabriel deixou, por sorte, muita documentação escrita: milhares de cartas enviadas a párocos, pessoas humildes e importantes, nobres, fundadores e superiores-gerais de ordens e congregações, bispos, soberanos e pontífices. É um material de enorme valor que está sendo fielmente conservado no arquivo de Belley, onde se encontra a Casa Mãe dos Irmãos da Sagrada Família, por ele fundada.

Pelo intercâmbio de cartas entre Taborin e o Santo Cura d'Ars, percebe-se que muito estreito foi o entendimento espiritual entre eles e muito frutuosa a extraordinária amizade. Em Ars, por vontade de São João Maria Vianney, Irmão Gabriel abriu uma escola para meninos. Chegaram a se conhecer casualmente, sendo que Irmão Gabriel, seguindo as numerosas pessoas que procuravam o Cura baixinho e magro para se confessar, quis conhecê-lo pessoalmente. Logo houve entendimento recíproco, profunda estima e admiração. O Cura, que se submetia a jejuns e penitências para a salvação das almas, assim saudou o novo peregrino: "Bom-dia, Irmão Gabriel. Como vai vossa pequena comunidade?". E Taborin visivelmente surpreso: "Mas, senhor pároco, o senhor me conhece mesmo?", e Vianney: "Os amigos do bom Deus se conhecem muito bem".

Devoto da Família de Nazaré, tomou como modelo e como título para a fundação a Sagrada Família. O estilo de vida dos irmãos, pobre e humilde, relembra ainda hoje a simplicidade e o recolhimento na oração e no trabalho da Virgem Maria, de São José e de Jesus.

Irmão Gabriel considerou as dificuldades da vida e as provações como um sinal da predileção divina, sobre si e sobre a congregação, deixando sempre a Deus o dever de pôr em evidência a verdade e de retribuir a cada um conforme suas obras. Deixa escrito na crônica histórica: "Os fatos e as pessoas serão conhecidos no dia em que Deus dará a cada um conforme suas obras. Quanto a minha pessoa, perdoo: eis o que devo e posso dizer. E ele teve que oferecer muitas vezes o seu generoso perdão".

Foi vítima de dois atentados com revólver e punhal, enfrentou calúnias e maledicências.

Alguns membros do clero, de fato, por incompreensão, ciúme ou inveja, criaram-lhe vários problemas na fundação do instituto, com atitudes às vezes ofensivas, como as críticas do Padre Bochard, os mal-entendidos do Padre Querbes, as fastidiosas atitudes de Padre Bosson a Belmont, de Calloud a Yenne, de Collet a Plancherine, a incompreensão do Cônego Robert e de Dom de Langalerie.

Mas no presente livro não olharemos para as "misérias" das pessoas, mas para a grandeza de um homem que soube escutar a Deus e reconhecer que tudo conduz a ele. "Comecei sem nada. É o caso de dizer que de fato Deus derrama seus bens sobre os que fizeram o voto de ser dele."[1]

As circunstâncias, muitas vezes, foram adversas a Irmão Gabriel, como as ameaças dos credores em Belley e, depois, a morte de quem o estimava e, podemos dizê-lo, também o amava,

---

[1] *Positio super virtutibus. Beatificationiis et canonizazionis Servi Dei Gabrielis Taborin Fundatoris instituti fratrum a S. Familia*, Roma 1985, VII, intr. 240; XX, 2, 813; XXIII, 1, 1055.

como o Bispo de Belley, Dom Devie, ou como o Cura d'Ars. Ou mais ainda o falecimento prematuro de muitos irmãos, e a desistência de outros... A oração foi uma âncora em cada instante de sua existência. Rezava de joelhos, quer na capela, quer no seu quarto aos pés do crucifixo, mas também no limiar das casas onde ia pedir esmola. Sim, Taborin era o humilde e pobre irmão esmoleiro, de memória franciscana, sempre procurando ajuda e implorando piedade e misericórdia. Rezava no caminho, durante as inúmeras viagens a pé, ou também nos meios de transporte públicos, onde ousava também cantar as ladainhas de Nossa Senhora. Quando estava em Lyon e tinha tempo livre, entrava nas igrejas, rezando por até duas ou três horas.

Como o Cura d'Ars, Irmão Gabriel podia dizer: "Com a oração benfeita podemos comandar o céu e a terra: tudo irá obedecer". Seguidamente, nas súplicas que formulava para obter favores e ajudas, afirmava ter assumido uma atitude de avaliação como se estivesse "na hora da morte", expressão que melhor descreve sua personalidade, sempre pronta, determinada, segura em suas afirmações, considerações e aspirações, que tinham ao centro o Coração de Deus.

Assim, após anos de sacrifícios, tribulações, rejeições e humilhações, Taborin alcança suas aspirações e a semeadura foi frutuosa. Viveu para formar pessoas inteligentes, civis, amantes do Senhor. Amou como um verdadeiro pai os mestres, os catequistas, os sacristãos que formava, os irmãos da Sagrada Família, que prosseguem a obra de seu fundador com coragem e tenra dedicação, com escolas e missões no mundo. Amou as crianças e os jovens, com quem tinha um esplêndido relacionamento, sabendo unir severidade e bondade com sabedoria, num proceder pedagógico que lembra em muitos aspectos o método de Dom Bosco, quase antecipando-o no tempo. Ler, escrever, conhecer os números eram os degraus para levantar a própria pessoa e tirá-la dos vícios que, às vezes, a ignorância leva consigo: subir espiritualmente de nível para conhecer Cristo, a sua graça, e para salvar a alma, o verdadeiro e grande objetivo pelo qual Irmão Gabriel, humilde gigante, seguiu por toda a vida, com simplicidade nazarena, a "que desarma a justiça de Deus" para usar a expressão do Santo Cura d'Ars, a educação da juventude.

1
Quando o dever fica em primeiro lugar

Povoados e cidades do departamento do Ain foram o teatro geográfico de Irmão Gabriel Taborin, lugares que temos percorrido hoje para descobrir, graças aos documentos guardados com sabedoria pelos Irmãos da Sagrada Família em Belley, o que ele conseguiu criar na França recém-saída de uma revolução que tinha desestruturado todas as pessoas e as instituições e cujo pensamento cultural e político tinha corroído as crenças e as certezas, levando suas sementes venenosas também para as gerações futuras. Irmão Gabriel, humilde testemunha do Evangelho, nasceu e se formou no sul da França, em particular na região Rhône-Alpes (Ródano-Alpes), cuja capital é Lyon. Aí ele deu vida a suas obras: Belleydoux (1799-1824), Saint-Claude (1824), Les Bouchoux (outubro 1824), Jeurre (abril 1825-junho 1826), Courtefontaine (junho-outubro 1826), Menestruel (outubro-dezembro 1826), Chatillon-les-Dombes (janeiro-fevereiro 1827), Lyon (fevereiro 1827), Brenod (fevereiro-agosto 1827), Genay (fevereiro 1827), Champdor (agosto-outubro 1827), Hauteville (1827-1829), Belmont (1829-1840), Belley (1840-1864). Esta será a nossa maquete, onde Irmão Gabriel caminhou muito sob sol e chuva, sob vento e neve. Caminhava a pé, por pobreza muitas vezes. Iremos percorrer as etapas de uma vida dedicada ao serviço de Deus e dos jovens, cujos frutos continuam a ser recolhidos no mundo inteiro.

Percorrendo novamente esses lugares, pudemos admirar a beleza de uma paisagem poética, onde as montanhas estendem-se placidamente sobre os campos, e os *chalets* das fábricas de queijo completam a harmonia silenciosa dos vales, onde a natureza espalha suas cores e as Igrejas góticas ou neogóticas, dos séculos XVII e XVIII, com seus altos campanários, parecem ainda cantar a fé viva dessa gente trabalhadora. O Bugey Sul no vale do Ródano, do qual a cidade mais importante é Belley, sede da subprefeitura e com uma catedral neogótica, é um lugar rodeado de uma cadeia de montanhas de origem jurássica, calcária, com grandes ondulações nas partes superiores. O lugar é banhado por inúmeros lagos de origem glacial, repletos de trutas, matas com variedade de plantas alpinas, vinhas deitadas nas encostas de colinas férteis, sobretudo na sub-região do Valromey. Os numerosos castelos lembram a presença de uma nobreza desaparecida, tornando-se residência das classes industriais de Lyon. As riquezas naturais dessa região são várias e perfeitamente complementares: montanha e água fresca, doçura e força em grande serenidade emergem desse contraste, a cada mudança do relevo ao longo das *combes* do Valromey, nos prados cobertos de flores, no planalto de Retord, à beira dos lagos de Nantua, Genin ou Barterand e também sob as cascatas que ferem a montanha. A hospitalidade é uma obrigação, seja em Oyonnax e Hauteville-Lompnes, seja em Belley, capital histórica do Bugey, onde viveu Jean Anthelme Brillat-Savarin de Belley (1755-1826), político e gastrônomo francês, autor do famoso livro *Physiologie du goût* [*Fisiologia do gosto*], que mistura amavelmente noções científicas, gastronômicas, reflexões filosóficas, anedotas históricas, conselhos, lembranças.[1] Durante todo o verão nesse vale ensolarado, verde e aprazível, são realizadas muitas festas, entre elas a "festa do forno", onde se come, junto com o gostoso pão, saborosas cucas e toma-se o vinho leve e com gosto de frutas da região, como o Manicle ou o Roussette de Seyssel.

Gabriel Taborin nasce nessa terra generosa e hospitaleira, mais precisamente em Belleydoux, a 22 quilômetros de Bellegarde, na fronteira do departamento do Jura, em 1º de novembro de 1799, dez anos depois da deflagração da Revolução Francesa. Embora a fumaça da revolução tivesse chegado aí, também a fé católica era ainda viva e profunda e, logo após ter sido restabelecido o culto, Belleydoux retomou sua fisionomia religiosa. Seu pai, Cláudio José (1758-1826), estimado por todos os moradores, tinha um pequeno albergue e vendia queijos. Embora fosse analfabeto, exerceu o cargo de vice-prefeito durante vários anos. Junto com a esposa, Maria Josefina Poncet-Montange (1755-1837), partilhou uma profunda religiosidade, que foi transmitida aos quatro filhos que permaneceram vivos:[2] Francisco, José, Tiago, Gabriel. As casas de propriedade da família Taborin eram duas. Em alguns documentos do arquivo encontramos a dupla indicação: "casa de baixo" e "casa de cima", e assim se pode deduzir que as duas habitações encontravam-se uma diante da outra no meio do povoado. Infelizmente a casa natal de Gabriel Taborin não existe mais. De fato, durante a Segunda Guerra Mundial, em Belleydoux a resistência era muito grande, por isso os alemães, em julho de 1944, incendiaram

---

[1] A obra, que fundamenta a figura do intelectual gastrônomo e que é fundamental para a cozinha burguesa, exercerá uma extraordinária influência sobre a literatura culinária sucessiva.

[2] Três filhos morreram prematuramente.

o povoado, queimando umas quinze casas na rua principal, e entre elas as duas dos Taborin.

A habitação denominada "de baixo" foi completamente destruída, e no seu lugar hoje existe uma área verde, enquanto a "de cima" foi reconstruída.

Pai e mãe foram seus principais educadores e o seu primeiro biógrafo, Frederico Bouvet,[3] que conheceu Irmão Gabriel, demonstra estar bem convencido em afirmar que a casa e a igreja eram os lugares preferidos de Gabriel. Exatamente na igreja paroquial,[4] onde foi batizado e recebeu a comunhão, irá exercer os serviços de animação da comunidade cristã como sacristão, mestre de cerimônias, tocador de sino, *marguiller* (ecônomo da paróquia)...

"Tenho o consolo de ter nascido de um pai e uma mãe virtuosos, que estavam unidos em matrimônio e viviam conforme Deus", explicará Irmão Gabriel em suas *Memórias*, uma obra escrita após insistentes pedidos de seus coirmãos, mas que permaneceu inacabada. "Eles desfrutavam serena e religiosamente de um modesto bem-estar, fruto do seu trabalho. Passaram a vida em Belleydoux, lugar onde em 1º de novembro de 1799 vim à luz e onde tive a sorte de receber o Batismo. Por uma graça muito especial da bondade divina, os bons autores dos meus dias me deram constantemente o bom exemplo, e desde meus primeiros anos me fizeram ter, por parte do pároco, meu primeiro instrutor, uma boa educação. Relembro que eu tinha uma atração particular para o ensinamento do catecismo e que nunca faltava às aulas. Fui feliz quando, com a idade de 11 anos,

---

[3] Irmão Frederico Bouvet (1825-1891) entrou no noviciado dos Irmãos da Sagrada Família, em Belley, no ano de 1842.

[4] A atual igreja paroquial de São Sebastião foi construída e inaugurada, no dia 25 de agosto de 1833, por Dom Devie e substituiu a antiga, que era situada no centro do cemitério.

pude receber a Primeira Eucaristia na igreja de minha paróquia. Era o dia da festa da Santíssima Trindade, e tinha me preparado para a celebração em um retiro. O dia de minha Primeira Eucaristia nunca se apagou do meu coração, e nele deixou doces e religiosas lembranças. Pouco tempo depois, recebi o sacramento da Crisma em Oyonnax, das mãos de sua eminência o Cardeal Fech, Arcebispo de Lyon e tio de Napoleão". Oyen,[5] quinto abade de Saint Claude, é o santo padroeiro de Oyonnax, hoje cidade conhecida no mundo inteiro por causa da indústria das matérias plásticas e por sua importante Escola Superior de plástico-metalurgia, e aí Taborin virá para conhecer a sua sorte a respeito do serviço militar: será dispensado e Gabriel atribuirá esta graça à Virgem Maria e a Sant'Ana.

Ele teve como seu primeiro formador externo à família o pároco, Padre José Rey,[6] que o ensinou a servir a missa e a ornamentar os altares. Todos os dias o coroinha Gabriel ia à missa para servir e sempre mais se apaixonou por essa tarefa. "Sem pôr obstáculos, seus pais deram-lhe toda a liberdade: dispondo de uma casa espaçosa, deixaram um quarto a sua completa disposição",[7] assim Gabriel transformou seu quarto em capela, onde construiu um altar. Nesse lugar, imitando o sacerdote, usando túnica e vestes um pouco "ridículas",[8] Gabriel convidava seus amigos, enquanto o empregado da casa respondia às invocações do celebrante e tocava a sineta no momento certo. Gabriel memorizava o sermão do pároco e depois o repetia, mas

---

[5] São Oyen é também padroeiro da igreja de Belmont, de estilo românico, cuja existência aparece já documentada nos arquivos do século XII.

[6] Pároco de Belleydoux de 1803 a 1808.

[7] F. Bouvet. *Vita di Fratel Gabriele Taborin. Fondatore dei Fratelli della Sacra Famiglia*, Chieri, Edizioni Arti Grafiche SA.FA, 1990, p. 23.

[8] Ibid.

era também apaixonado leitor da vida dos santos e dos monges, livros que se tornavam, na capela, inspiração de outros sermões. Nem todos os pais gostavam dessas reuniões, e certa vez entrou blasfemando um pai enraivecido; quando saiu, Gabriel disse: "Rezemos, meus caros amigos, para pedir perdão por essas blasfêmias e pelo escândalo do qual fomos testemunhas".[9]

Bouvet relembra que se dizia que Gabriel era o predileto de sua mãe, mas isso não era empecilho para o rigor da educação, que se tornava fato normal e habitual num contexto onde esse era o valor mais importante para formar homens e mulheres no temor da lei de Deus e no respeito às leis sociais.

Um dia Gabriel foi severamente punido pela mãe por causa de uma acusação injusta por parte de um companheiro; este, porém, quando soube que Gabriel tinha apanhado da mãe, declarou a inocência dele e, quando a mãe se desculpava pelo engano, o filho de 8 anos assim respondeu: "Eu entendi que tu me achavas culpado e por consequência eu sabia que estavas fazendo o teu dever".

A mãe, Maria Josefina, também cumpriu com o seu dever quando Gabriel se deixou dominar pela gula, tomando com abundância o leite do ubre da vaca da tia.

Gabriel acompanhava vacas e ovelhas na pastagem e nessas ocasiões os amigos seguiam-no e ele exortava-os ao respeito pelos pais, recomendava-lhes o serviço de Deus e de Nossa Senhora, e seu exemplo era incentivador para seus coetâneos. Nos prados construiu um pequeno altar com pedras e tábuas, e ali se reuniam crianças e jovens, ficando excluídos somente os que pelo turno deviam cuidar do rebanho. Gabriel então presidia o rosário e a seguir, subindo numa pequena elevação,

---

[9] Ibid., p. 25.

dava explicações e depois iniciava uma procissão com o canto das ladainhas e outras orações.

"Às vezes", relata o empregado da casa Taborin, "ele organizava uma procissão com estandarte. Tratava-se ordinariamente de um grande lenço na extremidade de um pau e uma cruz rústica. Os outros pastorzinhos demonstravam-lhe respeito e eram-lhe submissos. E tinha que ser dessa forma, porque ele não brincava, especialmente quando se tratava de obras devotas. Como se esforçava para que tudo funcionasse bem! Não faltavam pessoas, muitas mais velhas que ele, das quais exigia submissão, e eu mesmo devia às vezes tomar parte das procissões, embora tivesse dezoito anos mais do que ele".[10] Tinha o jeito do organizador e de quem é idôneo para tomar o comando, um verdadeiro líder, que muito exigia de si.

As crianças estão sempre prontas para receber a educação e a doutrina católica. Sendo naturalmente predispostas a acolher a Boa-Nova, muitas vezes, porém, são os educadores os responsáveis pela positiva ou falha transmissão. As famílias frequentadas pelo pequeno Gabriel eram fundamentadas em princípios firmes e sólidos, que as ideias da Revolução Francesa não tinham conseguido remover. Por isso, Deus ocupava o primeiro lugar na escala de valores, depois vinha a família. Honestidade, discrição, empenho (quer no estudo, quer no trabalho) eram as regras do viver cristão e cívico. Nada era posto em discussão, e quem o fizesse era malvisto na opinião pública.

A fé é a virtude que Gabriel tem como referência em cada circunstância de sua vida, fé que ele experimentou desde os mais tenros anos de sua vida, como testemunhou seu companheiro Cláudio Francisco Humbert, sempre presente nas lições de catecismo:

---

[10] Ibid., p. 28.

Um dia muito frio, Gabriel estava num bosque com outros pastorzinhos, quando improvisamente os chamou: "Vinde, amigos, rezaremos o terço e depois acenderemos um belo fogo para nos aquecer". Depois de satisfazer a devoção, os moços se dispersaram em várias direções para colher pedaços de madeira ou galhos, amontoando-os aos pés de um pinheiro bem isolado. Acenderam o fogo, mas não suspeitavam que as chamas pudessem levantar tanto. Em pouco tempo o fogo pegou na árvore, que começou a queimar.

Quando Gabriel viu as chamas, ficou impressionado, e logo seus amigos começaram a gritar: "Socorro, estamos perdidos, vamos todos nos queimar". Ajuntaram os animais correndo, empurrando-os para a frente, enquanto Gabriel invocava Nossa Senhora, entoando em alta voz: *Kyrie eleison, Christe eleison...* e os colegas respondiam sempre correndo. Uma chuva providencial apagou o incêndio e os imprudentes passaram por muito medo.[11]

Certa vez, a vaca que levava o sino maior e chefiava o rebanho perdeu o sino no caminho de volta ao estábulo. Gabriel falou o que tinha acontecido e seus pais ficaram muito magoados. No dia seguinte a criança, firme na fé, recorreu ao método que aprendeu no catecismo, e do qual muitas vezes experimentou a eficácia: a oração".[12] Encontrou o sino suspenso no galho de uma pequena árvore.

Chuvas providenciais e tempestades acalmadas se revezam continuamente na vida dos homens de fé. E quando nos toma o medo, no momento do perigo e da necessidade, o Senhor repete: "Onde está a vossa fé?" (Lc 8,25).

---

[11] Ibid. p. 29.
[12] Ibid., p. 30.

2
A ideia toma forma

Bellevoîte é uma pequena localidade que se encontra a 1.500 metros aproximadamente do centro de Belleydoux, onde a família Taborin tinha suas origens e possuía uma casa de campo onde nasceram Francisco Maria e José Maria, pessoas fortes, de determinação e até teimosas.

Em Bellevoîte vivia uma tia de Gabriel, Ana, que durante os anos do terror jacobino conseguiu subtrair das mãos destruidoras dos revolucionários, que tinham demolido a capela de Sant'Ana – construída por vontade dos avós Taborin –, a estátua da santa, em cujos pés Gabriel queria ajoelhar-se e rezar. Seu pai reconstruiu a capela no lugar primitivo, propriedade da família. A capela que existe hoje foi reconstruída por iniciativa de Irmão Gabriel e inaugurada no dia 28 de agosto de 1858; aí, a 500 metros de Belleydoux, Irmão Gabriel irá constituir, no ano de 1862, a Confraria de Sant'Ana e, no ano seguinte, irá doar o sino, ainda hoje presente.

Nessa localidade o Irmão Gabriel gozava de muita simpatia e as pessoas escutavam muitas vezes admiradas suas admoestações sobre o pecado e seus ensinamentos sobre as verdades da existência. Educava para a confissão benfeita e dava instruções a respeito da posição da cabeça para receber a comunhão, levando também as hóstias não consagradas para o ensaio. Tudo isso, porém, causou-lhe críticas e maldades por parte de alguns jovens. Às vezes alguns coetâneos, que não aprovavam seu jeito, foram também causa de fatos desagradáveis, como quando o fizeram cair do púlpito improvisado com uma tina. Seus irmãos, vendo-o ler livros ou dedicar-se a rezar ou pregar, se queixavam, repetindo-lhe que não era suficiente ajudar a mãe em casa ou apascentar as vacas e que havia todos os outros trabalhos do campo para fazer. A própria mãe o repreendeu:

> "Vamos, meu querido Gabriel, não faça mais discursos. Estás vendo que dão risada de ti. Vamos, meu filho, pela honra da família, não faça mais isso". Visto, porém, que ela mesma fornecia todo o material para as pequenas cerimônias, a criança não fazia muito caso desses avisos. Como tivesse em vista somente o bem, pensava que tudo lhe fosse lícito. Por outro lado, as pessoas piedosas e bem intencionadas o encorajavam, o respeitavam sinceramente e o consideravam como um anjo encarregado de instruí-las. Era tão estimado, que muitos desejavam tê-lo como padrinho para os filhos. O consenso unânime de tantas pessoas respeitáveis não deixava indiferente a senhora Taborin; ela via que Gabriel crescia conforme o coração de Deus e provavelmente o repreendia somente para provar aos demais filhos que ela não aprovava seus sermões.[1]

Então, Gabriel prosseguia com alegria sua obra evangelizadora. Era muito exigente em tudo o que se referisse ao culto divino e tornou-se responsável pelos coroinhas; comprometia-se com muito empenho para preparar com cuidado as crianças para a festa de Corpus Christi. Tudo parecia muito claro na vida de Gabriel e todos pensavam que se tornaria sacerdote. Por essa razão seus pais, de acordo com o pároco de Belleydoux,

---

[1] Este trecho foi tirado do primeiro manuscrito de irmão Frederico Bouvet, que não foi inserido na publicação da biografia.

Padre João Maria Mercier,[2] enviaram-no para uma pensão de Plagne, perto de Saint-Germain-de-Joux,[3] para fazer os estudos preparatórios.

O primeiro ano fora de casa foi muito difícil para Gabriel, muito ligado que era à família. Muitas vezes corria para uma pequena elevação e dela podia ver o cume da torre do sino de Belleydoux.

Em 1812, Gabriel foi pensionista na casa da família Egraz de Plagne. Seu mestre era Francisco Egraz, de 42 anos, casado, mas sem filhos. A família Egraz era muito estimada não somente pelas pessoas do povoado, mas também dos lugares vizinhos. Durante a revolução, tomou parte na resistência, e na própria casa tinham feito uma capelinha, ao lado do depósito de trigo. Dividia seu tempo entre a escola e a administração municipal, sendo também prefeito de Saint-Germain-de-Joux, ao qual pertencia o povoado de Plagne. Os alunos deviam pagar cada mês um franco para a leitura, e 1,50 para a escrita. O instrutor da escola de Plagne era muito severo. Não perdoava nada de nenhum aluno. Um dos fatos que sempre serão lembrados pelos biógrafos do irmão Taborin está relacionado ao mestre de Plagne.

Certa vez comunicou aos alunos que deveria estar ausente por três dias e deu instruções para que naquele período de tempo eles pudessem empenhar-se no estudo mesmo sem ele. Logo que partiu, todos os alunos que habitavam perto do povoado aproveitaram para visitar seus pais. Quando voltaram,

---

[2] Padre José Rey, pároco de Belleydoux de 1803 a 1808, deixou o encargo a Padre Amelio Bouvier, que permaneceu somente um ano, de 1808 a 1809, e depois a Padre João Maria Mercier, pároco de 1809-1810 a 1814.

[3] Atualmente a Saint-Germain-de-Joux vivem ainda alguns descendentes de Irmão Gabriel Taborin.

encontraram o mestre a esperá-los. Bateu com vara em todos, e também em Gabriel, que, não querendo tirar a roupa, recebeu dez golpes em cada mão e por três dias ficou sem poder escrever.

Depois de Plagnes, foi a Châtillon-de-Michaille para estudar latim. Foi nesse período que assumiu o compromisso, mantido por toda a vida, de rezar todos os dias o *Veni Sancte*, para pedir ao Espírito Santo que o iluminasse e o dirigisse em tudo o que fizesse: e mais, a Salve-Rainha, para implorar a ajuda de Nossa Senhora, e o *Angele Dei*, para invocar o seu anjo da guarda.

Deixamos a palavra ao protagonista das *Memórias*, que de 1814 a 1817 morou em Châtillon-de-Michaille:

> Os meus pais, pelos quais eu nutria um amor terno e sincero e que me amavam tanto, afastaram-me do povoado depois da Primeira Eucaristia, para enviar-me primeiro ao pensionato de Saint-Germain e, depois, ao seminário menor de Châtillon, onde permaneci alguns anos. Meus bons pais, que amavam a religião e seus ministros, por quem sempre tiveram o maior respeito, queriam destinar-me ao sacerdócio. Eu mesmo tinha um vivo desejo de abraçar o estado eclesiástico. A pequena capela que preparava para reunir as crianças do meu povoado e celebrar algumas cerimônias infantis constituía um presságio de que um dia pelo menos teria sido destinado ao serviço de Deus na vida religiosa.
>
> Assisti a um curso de latim com a intenção de tornar-me padre. Não havia obstáculo algum para esta realização, nem se podia pensar que surgisse algum empecilho para ser admitido nessa dignidade sublime que eleva o sacerdote acima dos anjos e dos reis. A providência divina, porém, tinha para mim outros desígnios. A leitura da vida dos santos, à qual me dedicava com assiduidade, tinha-me transmitido uma forte inclinação para a vida religiosa, e sobretudo para aquele tipo de

vida religiosa onde se dedicam de maneira especial à educação da juventude e a ornar os santos altares.

O estado religioso me parecia o mais santo, onde a salvação seria mais fácil, mais segura, se alguém é chamado para isso. Eu quis, todavia, tirar um tempo para examinar minha vocação. Quando frequentava o quinto ano, e com grande desagrado dos meus pais, deixei os estudos de latim, que tinha começado com a ideia de ser sacerdote. Deus tinha outros planos.

Foi exatamente nesse tempo que se foi criando uma ideia sempre mais forte e insistente sobre o que iria fazer no futuro, colocar-se a serviço de Deus e da salvação das almas, procurando uma posição que lhe permitisse fazê-lo, sem assumir a responsabilidade do ministério eclesiástico e criando um instituto apto a procurar nas paróquias sacristãos e instrutores cristãos, orientado especialmente para a educação da juventude, abandonada a si mesma depois que o terremoto da revolução tinha varrido as ordens religiosa – as únicas, até então, a ocuparem-se séria e realmente da instrução social. Convencido de sua vocação, deixou o colégio de Châtillon de Michaille para voltar à família em Belleydoux e obter o consentimento dos pais e os meios necessários para alcançar os seus objetivos. Foi grande a decepção do pai e da mãe, que já pensavam num filho sacerdote.

A maior parte das igrejas dos pequenos povoados estavam abandonadas e ninguém mais cuidava delas.

> Quantas vezes, vendo o santuário ou casa de Deus mais parecido com um estábulo que com um templo, ele sentia um aperto no coração e experimentava um desejo irresistível de consagrar-se ao serviço divino, formando almas dispostas a associar-se a ele neste ministério. (...) A partir daquele momento,

só teve um único desejo e objetivo: realizar seus projetos e seguir sua vocação.[4]

Por isso, se anteriormente "brincava" de educador, recebendo aprovações e críticas, agora queria fazer disso a razão de sua vida.

Foi acometido por uma doença muito séria e tinha-se medo de que morresse. Ele estava feliz de ir ao encontro de Senhor, mas ainda não tinha chegado a sua hora e teve que se resignar adiando tal encontro para data futura. Diante da irmã morte, quando recuperou as forças, compreendeu que tudo é vaidade e, agarrando uma faca, foi onde estavam suas camisas, estendidas ao sol, para cortar os bordados e enfeites que estavam na moda na época.

A doméstica estranhou tal comportamento, então correu para a mãe de Gabriel gritando: "Está louco: corta todas as camisas".

Começou a frequentar todas as igrejas da roça, e era conhecido e estimado em todos os lugares onde fosse. Sua paixão era a ornamentação dos altares e da casa de Deus, e os párocos deixavam-no fazer.

> Certa vez, por exemplo, para a Quinta-feira Santa, enviou-nos por toda a paróquia para recolher todos os lenços coloridos que se encontrassem; e estes depois, dispostos conforme as diferentes cores e fixados com alfinetes em forma de asas, cobriram as paredes da igreja, representando os nove coros angélicos".[5]

---

[4] Cf. M. Dês Garets. *Vie Du Frère Jérôme*. Bourg, 1879, pp. 18-19.
[5] Trecho da carta de irmão Bernardo Alomberry, escrita no dia 13 de janeiro de 1869 a irmão Amadeu (Arquivos Sagrada Família de Belley).

Gabriel, a pedido do prefeito e do pároco, e com um contrato, além de ser sacristão, começou a ensinar aos meninos e às meninas. As pessoas confiavam no jovem e paravam no caminho para pedir-lhe conselhos.

A casa paterna se torna a sede da escola municipal. Os alunos são recebidos na pensão de Belleydoux. "Então, os cônjuges Taborin viviam ainda, e formava-se uma só família."[6] Na casa Taborin viviam umas vinte pessoas, mais uma dezena de pensionistas.[7] Gabriel sugeriu aos pais que deixassem a atividade do albergue, como também o comércio de objetos em terracota, que eram vendidos pela fiel empregada da casa, Joana.

Após ter obtido a autorização para a instrução no segundo grau, as autoridades permitiram o ensino oficial e a abertura de um pensionato. Nesses povoados muito falava-se daquele bom jovem e ardoroso missionário que educava os pequeninos.

No dia 25 de março de 1816, entrou para a Confraria de Maria Auxiliadora e, justamente na folha de admissão, encontra-se a oração que depois mandará rezar todos os dias na Casa-mãe de Belley, após a missa da comunidade.

Irmão Gabriel foi o primeiro professor de seu povoado. Pai e mãe ofereceram-lhe a casa para abrir a escola, deixando para o filho uma parte da habitação, também para acolher, nos meses de inverno, os estudantes que aí ficavam como pensionistas. A plena disponibilidade dos pais em sustentar as atividades de Gabriel confirma que a família Taborin era rica de fé e de caridade, e onde vive uma família com valores profundos e fielmente ligados à Igreja de Cristo, os filhos crescem na união

---

[6] F. Bouvet, op. cit., p. 43.
[7] Cf. F. Bouvet, p. 479 nota 43 e Fratel Fiorenzo Stanga, *Vie de Madame Marie Josephte Taborin*, Belley, 1987, p. 45.

com Deus. Na casa Taborin todos rezavam juntos, reunidos, e o terço era uma prática diária, hábito da maioria dos católicos da época. No século XX, Madre Teresa costumará dizer: "Se fizermos entrar a oração na família, esta será sempre mais unida; amar-se-ão entre si. Reuni-vos para rezar nem que seja por cinco minutos e daí nascerá vossa força".

Nas *Memórias*, Irmão Gabriel escreve:

> Aos 16 anos fui escolhido para desenvolver na minha paróquia os encargos de instrutor, cantor e sacristão. Era uma missão modesta na verdade. Mas eu gostava tanto que não a teria mudado pelo cetro e pela mitra. Estas mesmas funções um dia teria que ensiná-las a outros, mais como fruto de minha experiência do que de minhas capacidades intelectuais. Sem a ajuda divina, reconheço, não teria servido para nada.
>
> Minha vocação à vida religiosa foi decidida numa época de fé muito mais viva do que hoje. Nasceu durante a famosa e inesquecível missão realizada em Saint-Claude, em 1821, na qual tive a sorte de participar.

Ele participa de fato das missões, nas quais sacerdotes e religiosos estavam à disposição dos fiéis para viver intensamente os sacramentos e pregar. Ele desejaria tornar-se religioso, mas não sabe em qual congregação, também porque na época não eram numerosas, pois tinham sido eliminadas pelo furor jacobino. Estamos em junho de 1824, tem 25 anos e deixa Belleydoux com cinco francos no bolso, rico de amor para Deus, de mil iniciativas e de mil sonhos que quer realizar.

Durante uma estadia em Lyon, entra em contato com os Irmãos de São João de Deus e com as Escolas Cristãs. Toma a decisão de entrar nesse instituto e, com o consentimento dos pais, parte para Lyon junto com o amigo Francisco Poncet. Antes, porém, passa em Saint-Claude para saudar o Padre José Celestino Girod (1795-1863), secretário do bispo da diocese de Saint-Claude, Dom Antonio-Tiago De Chamon e a Irmã Desirée, superiora do hospital, que faz mudar os programas do Taborin, a quem estimava muito. Esta aconselha o próprio Padre Girod a reter o jovem na qualidade de camareiro do bispo.

O caminho para Lyon, assim, é interrompido.

3
De camareiro a fundador

Não mais Lyon, mas Saint-Claude, cidade da abadia, do cachimbo e do diamante, bem característica e pitoresca, com suas casas em tinta ocre e telhados vermelhos encravadas nas bordas de um penhasco. Trata-se de uma antiga sede episcopal com sua catedral. Um mosteiro marca a origem da fundação dessa pequena cidade, que toma o nome de um santo abade medieval.

A abadia, graças a sua posição estratégica, teve uma excepcional importância até o século XV. Foi um centro espiritual, intelectual, econômico e industrial. Havia também um hospital, além de um albergue para a assistência aos peregrinos e às pessoas de passagem. A maior parte das atividades industriais e comerciais do lugar, como também do vale abaixo, tiveram sua origem com os monges de Saint-Claude: carpintarias, curtumes, moinhos para a fabricação de papel, artesanato em madeira, lapidação de pedras preciosas e diamante, fábricas de relógios...

A grandiosa e soberba catedral, com os maravilhosos assentos do presbitério, foi construída entre 1429 e 1465; com o passar do tempo, enfrentou numerosos incêndios e, entre os mais graves, o de 1799, ano do nascimento de Gabriel Taborin, e o mais recente de 1983, que destruiu a metade do lado direito do coro dos cônegos, de madeira, construído no século XV.

No ano 450 dois nobres, os irmãos Romano e Lupicião, desejando afastar-se do mundo, fundaram a Abadia de Condat, que deu vida a muitos santos e santas de Deus, a começar pelos fundadores e a irmã deles, Santa Iole, primeira abadessa das monjas de Neuville-les-Dames.

No fim de junho de 1824, Gabriel entra no bispado. É convidado para almoçar. É sexta-feira, por isso é servido o atum, seguindo a tradicional renúncia à carne: mas Gabriel nunca viu nem experimentou isso em sua vida, então pensa que seja mesmo carne, e não aceita essa comida. Novamente é convidado a servir-se, mas não aceita. Suspeitando do equívoco, disse-lhe o bispo: "Mas, Gabriel, por que não aceitas esta comida, quando o bispo come dela?". "Excelência Reverendíssima, o senhor poderia ter razões que eu não tenho." Dom de Chamon riu e explicou ao jovem tratar-se de peixe e não de carne. Mais tarde o Irmão Gabriel dirá: "Era uma comida verdadeiramente saborosa, capaz de satisfazer o gosto de qualquer um".[1]

Acostumado como era em casa a ser servido, esse novo compromisso, que o afastava de sua ideia principal, não lhe agradava muito, e, embora o cumprisse com atenção, seu pensamento fica ligado à fundação de uma obra religiosa. Não queria ser mal-agradecido e imprudente com o Padre Girod e Dom de Chamon, mas depois de três meses tem a coragem de falar com o bispo:

> Sinto-me muito honrado de servir vossa Excelência Reverendíssima e ficaria de bom grado; mas sinto renovar-se em mim a inclinação ao estado religioso. Desejo consagrar-me totalmente a Deus num estado de perfeição, por isso quero entrar no convento ou fundar eu mesmo uma casa para religiosos.[2]

---

[1] F. Bouvet, op. cit., p. 49.
[2] Ibid.

O bispo interrompe as explicações e as razões de Taborin:

> Mas como, faz apenas três meses que estás comigo e já me queres abandonar? Isso não é correto de tua parte. Não desconsidero tua intenção de entrar em religião, Deus me livre, mas deverias entender quanto é penosa para mim a mudança frequente de camareiro. Todavia, se tua vocação se opõe à tua permanência neste lugar, peço-te procurar-me um bom sucessor.[3]

Declara-se pronto, uma vez que tenha um bom substituto, a tornar-se seu protetor, "que estará sempre disposto a ajudar com todos os meios a sua disposição".[4] Gabriel é impaciente, quer afinal vestir o hábito religioso e, logo que o bispo lhe concede a autorização, escreve a Francisco Poncet que, sem Gabriel, não se juntou aos Irmãos das Escolas Cristãs, fundados por João Batista de La Salle, mas encontrou um emprego em Lyon. O amigo com quem Taborin manterá uma belíssima correspondência aceita o convite e se transfere ao episcopado de Saint-Claude.

Gabriel voltou a Belleydoux para dizer o que estava para fazer e obter o consentimento dos pais, que primeiramente tentaram convencê-lo a não se afastar, mas depois consentiram diante da insistência do filho. Voltou a Saint-Claude, precisamente no bairro La Poyat, onde alugou uma casa mobiliada por 300 francos. Com a ajuda do cônego da catedral, Padre Desruémeaux, redigiu os estatutos e escolheu o hábito para os membros da futura comunidade, posta sob a proteção de São José. Foram cinco seus primeiros companheiros e todos conhecidos em Belleydoux: Simão Poncet de Belleydoux, Francisco

---

[3] Ibid., pp. 49-50.
[4] Ibid., p. 50.

Guichon, Frederico Perrin de Haute-Molune, Claudio Grand--Clement de Bouchoux e o jovem José de La Bresse, parente de Irmã Desirée. No fim de outubro de 1824, foram realizados os primeiros exercícios espirituais do grupo formado por Taborin, sendo o animador Pedro Emanuel Charvin, pároco de Les Bouchoux de 1792-1867, que apoiou com calor a iniciativa. O bispo de Saint-Claude enviou como diretor espiritual o Cônego Desruémeaux. Naquele mesmo outono, na clausura do retiro espiritual, os componentes do recém-nascido grupo religioso – todos mais tarde abandonariam o estado religioso, menos o Irmão Gabriel – tomaram o habito religioso em Les Bouchoux, e Taborin nunca mais o deixou: batina, chapéu triangular, "rabat" branco, crucifixo, um cordão de lã preta com um rosário suspenso. Muitos chegaram de Belleydoux, Haute-Molune e de outras localidades para assistir à tomada de hábito e, para a pregação feita pelo Padre Charvin, foi necessário erguer um estrado fora da igreja.

Saindo de Belleydoux, depois de aproximadamente sete quilômetros, na profundidade do vale percorrido pelo riacho Tacon, aos pés de um planalto coberto de pinheiros, encontra-se o povoado de Les Bouchoux, a 960 metros de altitude, e de lá se pode admirar a cruz de Couloirs, que domina a paisagem com uma altura de 1.228 metros.

Deixamos a palavra às *Memórias* de Taborin:

> Por ordem do bispo de Saint-Claude revesti solenemente o santo hábito religioso em 1824, no segundo domingo de outubro, na Igreja de Les Bouchoux, que se encontra a uma hora e meia de meu povoado natal. Preparei-me para essa celebração tão emocionante, com os meus cinco companheiros, em um retiro na casa paroquial de Les Bouchoux. Padre Charvin, missionário, cônego e pároco de Les Bouchoux, foi

quem providenciou o pagamento dos gastos para o nosso retiro e para a celebração que seguiu, na qual participaram mais de oito mil pessoas. Estavam presentes minha família e um grande número de sacerdotes. Todos estavam emocionados, sobretudo escutando a homilia pronunciada por Padre Charvin sobre a verdadeira liberdade dos filhos de Deus e sobre as imensas vantagens que oferece a vida religiosa. É difícil para mim descrever a alegria interior que experimentei e a beleza de uma celebração tão emocionante na qual eu era protagonista e que era absolutamente nova naquela região e para aquelas pessoas tão religiosas.

Aquele dia foi, sem dúvida, um dos mais belos e consoladores dias de minha vida. Dele guardo uma agradável lembrança que nunca desapareceu do meu coração.

Oito mil pessoas estavam presentes, um número verdadeiramente elevado que nos permite deduzir que Irmão Gabriel era uma figura já popular naqueles lugares e se fazia apreciar por seus valiosos serviços ao ensino e à colaboração ativa e comprometida com os párocos, além do cuidado pela Igreja e pelas celebrações litúrgicas. No dia seguinte, ele e seus companheiros voltam a Saint-Claude.

Logo iniciou a obra. Os membros da nova comunidade cuidavam tanto de uma escola no povoado quanto da sacristia da catedral. A escola surgiu imediatamente e, num breve espaço de tempo, oitenta alunos deixaram a escola pública para inscrever-se na escola de Irmão Gabriel.

Diante da fachada da catedral e prosseguindo pela rua principal pode-se notar, à direita, o palácio episcopal onde morou Irmão Taborin a serviço do bispo, para depois cruzar a Rua La Poyat; é preciso descer até diante da antiga capela dos carmelitas, construída em 1653, para guardar as relíquias de Saint-Claude, profanadas e a seguir queimadas pelos revolucionários em 1791-1794, para alcançar a escola da Rua La Poyat 34, um edifício de três andares, com arcadas baixas, escadas antigas em pedra e em madeira, onde Irmão Gabriel, com seus Irmãos de São José – como tinha então chamado a comunidade que durou de 1824 a 1829 –, instruiu e educou a juventude de Saint-Claude. Ainda hoje é um colégio católico episcopal, o Colège Maîtrise de La Cathédral.

O bispo demonstrou-se entusiasmado, e para a congregação nascente destinou um capelão, Padre Darbon, vigário-geral. Tudo parecia correr muito bem, quando, de repente, faltaram recursos e os cinco coirmãos de Gabriel desanimaram, e ainda mais desorientados ficaram pela presença de vários superiores, Dom de Chamon, Padre Girod, Padre Darbon, Padre Desruémeaux, além do fundador

> Irmão Gabriel, percebendo que os seus companheiros estavam cedendo em suas boas disposições, esforçou-se para reanimar a coragem e levantar o moral. Vendo que a obra estava em perigo, fazia de tudo para reanimar a chama do ideal, fazendo uso de todos os meios oferecidos pela razão e pela fé, mas não conseguiu retê-los.

Foram todos embora e Irmão Gabriel ficou sozinho. Sofreu, mas não cedeu. Escutemos a narração dos fatos nas *Memórias*:

> Logo depois da toma de hábito, voltei a Saint-Claude com os meus companheiros. Foi-nos confiado o serviço na catedral e a direção da escola frequentada pelos adolescentes da cidade. Tudo começou a funcionar, com grande satisfação de Dom de Chamon, do clero desta cidade e minha, como também dos bons cristãos, que consideravam positiva a fundação de uma instituição muito útil para a religião e para o povo. Por

azar, porém, estes inícios passaram rapidamente como um raio. Deus queria que essa obra passasse pelo crisol de uma grande prova, seguida de muitas outras tribulações que nos séculos sempre foram a herança e o sinal das obras de Deus. Meus cinco companheiros, mesmo que fossem bons jovens, desanimaram por causa de algumas contrariedades de pouca importância e me deixaram com um único Irmão, responsável por cerca de trezentos alunos, e ademais com o serviço na catedral e o cuidado de nossa pequena casa. Aceitei essa humilhante provação, que era a primeira, com grande resignação, dizendo para mim mesmo: se esta for obra que venha só de ti, é uma obra nascida já morta; se ao contrário é obra de Deus, ele saberá sustentá-la diante de todos e contra todos.

Dom de Chamon, que certamente não perdera a estima por ele, no dia 4 de abril de 1825 confiou-lhe uma delicada missão, ir para uma pequena paróquia a 17 quilômetros de Saint--Claude para reanimá-la, tornando-se instrutor e catequista, pois nessa igreja estavam presentes um sacerdote constitucional, Padre Francisco José Martine, que tinha jurado fidelidade à constituição republicana, e o pároco, Padre Umberto Maria Laurent, que não tinha liderança diante dos fiéis, por isso reinava a ignorância.

O controle da escola era confiado ao pároco e ao prefeito, enquanto para o Estado era impossível tomar conta da instrução primária. É suficiente seguir a correspondência entre o Reitor de Lyon e o Prefeito do Ain para entender por que os comitês cantonais não exerciam nenhum controle e não tomavam nenhuma iniciativa. Quanto aos docentes, nos seis cantões da região de Nantua, em 1809, eram somente 25. Nenhum deles era autorizado e, ao lado do nome de cada um, encontra-se escrito: "tolerado e não autorizado por nenhuma nomeação".

Em 1819, quando Taborin cumpria as funções de professor primário em Belleydoux, o prefeito do Ain decidiu intervir energicamente na questão, enviando uma circular dura a todos os municípios, na qual afirmava:

> Observo com pena, nos diferentes relatos que chegam, que as leis e os regulamentos, relativos ao ensinamento primário, caíram num deplorável abandono. A instrução das crianças no campo é confiada a uma multidão de indivíduos sem título que não oferecem garantias às famílias nem pela moralidade nem pelo exercício da profissão. É preciso ficar atento aos abusos e às desordens que possam derivar de tal situação.

Denuncia em particular a situação criada em várias localidades onde

> a instrução primária é cumprida por feirantes, ambulantes, vindos de outras regiões, que não oferecem nenhuma garantia às famílias e à sociedade, vão de vez em quando nas prefeituras, no fim do outono, passam aí o inverno e vão embora na primavera.[5]

Muitos pais eram obrigados a deixar as crianças "apodrecer na ignorância".[6] para não cair nas mãos de duvidosos "pseudomestres". Alarmante o relatório sobre os docentes dos departamentos de Ain e do Loir, que o arcebispo de Lyon fez em 1809:

> Estrangeiros, expulsos de seus países ou em fuga para evitar a ação da justiça ou fugindo da vergonha de seus crimes, homens

---

[5] Cf. Tese de formatura de Enzo Biemmi. Cf. a esplêndida tese de formatura de E. Biemmi: *La sfida di um religioso laico nel XIX secolo. Fratel Gabriele Taborin (1799-1864)*, Universitá di Parigi-Sorbona/Istituto Cattoolico di Parigi –Facoltá di Teologia e Scienze religiose, junho, 1995, p. 33.

[6] Ibid., p. 32.

que vieram de outros lugares onde são perseguidos, parasitas, homens sem energia, sem talentos, almas de classe baixa e vis, que não conseguiram obter outros empregos, dedicam-se a cste (ensino primário) como à última possibilidade, não se preocupam em ser úteis, mas em ter pão; escravos de todos os vícios que corrompem a juventude, à qual inspiram a aversão aos sacerdotes, o afastamento dos exercícios de piedade, o ódio pela religião. Homens divorciados ou casados só no civil, ou que vivem publicamente com mulheres sem união civil ou religiosa, beberrões, restos do jacobinismo do qual espalham ainda os princípios, homens céticos ou desequilibrados em suas ideias; a filosofia, a heresia, o fanatismo para fazer-se prosélitos precisam espalhar os seguidores em pequenas cidades e nas grandes paróquias para inocular sua doutrina naquela brava gente que os escuta com docilidade (...). A profissão de ensinar na escola é a primeira pela importância de seu objeto; é a última, a mais desprezada se tomarmos em consideração as pessoas dela encarregadas e o modo como é desenvolvida. Assim, o pai de família confia a menina dos seus olhos, seu filho, a docentes que ele não gostaria de ter perto de si e aos quais não gostaria de confiar nenhum encargo em sua casa.[7]

Num contexto pedagogicamente tão degradado, o povo acolheu de bom grado Irmão Gabriel, que se fez amar e estimar. Foi nesse período que voltou para junto dele um dos primeiros cinco companheiros, Irmão Francisco Guichon, querendo retomar o caminho abandonado. Precisava procurar uma casa. Encontraram uma casa em ruínas em Jeurre, e o proprietário, Francisco Grillet, teria feito doação com a condição de ser admitido na comunidade com o título de "Irmão leigo".

---

[7] A. Arc. Di Lione. Dossier Fesh- de Pins. Insegnamento. Stages. Cappellanie. Brogliaccio senza data, molto probabile Del primo semestre 1809. Cf. Anche E. Biemmi, op. cit., pp. 32-33.

Jeurre é um povoado com ruas estreitas que sobem até uma colina, coroada por uma igreja do século XIV, localizada no meio do cemitério e construída sobre as antigas fundações de um templo dedicado a Juno, o que explica a orientação sul-norte, diferente da orientação comum leste-oeste.

Irmão Gabriel, que continua a conservar o nome de Irmão de São José de Saint-Claude, morará nessa localidade durante treze meses, de 4 de abril de 1825 a 15 de junho de 1826, designado oficialmente pelo bispo como professor e catequista, e também reconhecido pelas autoridades municipais.

Como missionário enviado pelo bispo, ele cumpriu uma preciosa obra de aproximação entre os fiéis e o pároco. Além da função de professor na escola municipal, assumiu o encargo de catequista e instrutor. No povoado, escutando suas palavras, todos diziam: "Não nos foi enviado um mestre para a escola, mas um missionário".

Em Jeurre, na segunda-feira, 6 de março de 1826, recebeu a notícia da morte de seu pai Cláudio José Taborin.

Irmão Gabriel, que até então morara no palácio de Dom de Chamon, acompanhado pelo noviço Francisco Guichon, adquire então uma casa em péssimas condições e que, sem dinheiro, começa a arrumar, fazendo dívidas. A casa era de propriedade de Francisco Grilet, mas, por causa do péssimo estado, não suportou os reparos e ruiu. Tentou a construção de uma nova casa num terreno próximo. Mas ficou sem meios financeiros, pois teve que pagar ao senhor Grillet a casa que ruiu. Então abandonou o projeto e com o noviço Francisco foi viver na casa da senhora Bessonat. Acrescentaram-se a eles quatro postulantes que tomaram o hábito na Igreja de Jeurre, ao final de junho de 1826. O bispo, informado por Taborin sobre as dificuldades da recém-nascida congregação, propôs uma nova colocação numa casa de Courtefontaine, a cem quilômetros de Jeurre, no extremo norte de departamento do Jura.

A comunidade de Irmão Gabriel deixa Jeurre, portanto, no dia 15 de junho de 1826. Já eram seis, com dois postulantes, e se estabeleceram numa nova habitação: um antigo mosteiro doado por uma senhorita solteira ao bispo, com a intenção de nele estabelecer uma congregação religiosa destinada à educação da juventude. O desejo de Irmão Gabriel era de acrescentar sempre mais operários para o trabalho na vinha do Senhor. Infelizmente as pessoas disponíveis eram poucas e não podiam pagar a pensão.

O pároco de Courtefontaine chamava-se Padre Roland e apoiou plenamente a ação de Irmão Gabriel, colaborando na própria formação dos religiosos. Ele ministrava os cursos enquanto o fundador ocupava-se da disciplina e do funcionamento da casa. As pessoas começaram logo a apreciar a instrução que eles davam. Porém, faltavam os fundos e os alunos eram poucos, pois a população era escassa naquele lugar muito isolado. O bispo não teve condições de aportar ajuda econômica e as esmolas não eram suficientes. Era preciso partir de novo em busca de outros horizontes. O entusiasmo e a esperança de poder estabelecer um centro de formação para professores esvaíram-se, em poucos meses, entre a metade de junho e o mês de outubro de 1824.

Deixaram Courtefontaine antes do clarear do dia, pois os moradores teriam feito oposição à saída deles e as rodas da carruagem foram cobertas de panos, para não fazer barulho...

O bispo, que os aconselhou a transferirem-se para a Diocese de Belley, escreveu ao Padre Cláudio Maria Bochard

(1759-1834), fundador e superior dos Irmãos da Cruz de Jesus, pedindo-lhe que recebesse Irmão Gabriel e seus companheiros em Ménestruel, na Prefeitura de Poncin. Padre Roland, a pedido do bispo de Saint-Claude, redigiu uma carta de recomendação:

> O abaixo-assinado, pároco de Courtefontaine, superior dos Irmãos de São José, estabelecidos neste lugar, certifica que Gabriel Taborin, dito Irmão Gabriel de Belleydoux, nesta paróquia sempre deu exemplo de piedade, regularidade e aplicação; e é somente por falta de recursos econômicos que quis suspender o funcionamento de sua obra. Courtefontaine, 16 de outubro de 1826.

Durante a viagem muitos olhavam para eles com suspeita, não sabiam quem eram, vestidos daquele jeito. Talvez jesuítas? "E os fofoqueiros dos barzinhos fumavam freneticamente seus cigarros murmurando baixinho que a França estava sendo ameaçada pela invasão dos Jesuítas".[8]

Irmão Gabriel, acompanhado por cinco noviços, chegou a Menestruel dois dias depois e foi muito bem acolhido pelos Irmãos da Cruz de Jesus e pelo fundador, Padre Bochard, que foi muito acolhedor e admitiu Irmão Gabriel[9] à sua mesa. Ele e seus Irmãos teriam gostado que aderisse a sua congregação. Mas Irmão Gabriel tinha outra opinião. Padre Bochard propôs a Irmão Gabriel que colaborasse com o diretor de uma instituição educativa sob sua competência, em Châtillon-les-Dombes, e Irmão Gabriel aceitou, mas deixando bem claro que não entraria na congregação dos Irmãos da Cruz. Depois de alguns meses de sua permanência em Châtillon-les-Dombes, chegou

---

[8] Ibid., p. 63.

[9] Durante a permanência entre os Irmãos da Cruz de Jesus, o servo de Deus teve que tomar o nome de Irmão Gabriel de Jesus.

para visitá-lo Padre Corsain, assistente de Padre Bochard, para tentar explicar-lhe que depois de um período de tempo transcorrido na congregação era conveniente assumir compromissos espirituais. Taborin preparou rapidamente suas malas e partiu para Lyon, a pé, na metade de fevereiro de 1827, sem dinheiro no bolso, acompanhado somente pela confiança em Deus e por um Irmão da casa de Châtillon-les-Dombes. Durante o percurso o companheiro, cansado e faminto, começou a queixar-se:

> Mas como, faz poucas horas estavas tão ardoroso, mesmo conhecendo minha falta de recursos, e agora te falta coragem... Vamos, querido Irmão, tenha confiança em Deus; vamos adiante sem olhar atrás, e a Providência nos ajudará.[10]

Irmão Gabriel nunca olhou para trás, sempre adiante, com o Senhor à frente.

Todavia, experimentando sempre mais intensamente os estímulos da fome, resolveram bater à porta de uma casa paroquial; mas, em lugar do pároco, encontraram a empregada que os mandou embora e os maltratou. Durante o caminho cruzaram com um agricultor que lhes deu de comer. Chegaram finalmente a Lyon e, sem rumo, começaram a perambular pela cidade; a certa altura encontraram uma pessoa abastada que residia no quarteirão de Fourvière e que, vendo os dois forasteiros, perguntou se precisavam de ajuda. Foi assim que se tornaram hóspedes na sua casa. Depois de três ou quatro dias, retomaram o caminho com uma bolsa bem fornida de dinheiro. Assim, Irmão Gabriel[11] voltou para a Diocese de Belley de mãos cheias e com a viva esperança de poder fundar a obra em projeto.

---

[10] F. Bouvet, op. cit., p. 65.
[11] O confrade, porém, separou-se e tomou outra direção, mas não se conhece qual.

4
Belmont, pequeno paraíso

Padre Bochard criticava Irmão Gabriel e teria desejado que ficasse sob a regra dos Irmãos da Cruz, mas, ao contrário, bem diferente era a opinião do religioso de Belleydoux; e ainda tinha medo, e com ele Padre Corsain, de que seu exemplo pudesse determinar a saída dos aspirantes vindos de Courtefontaine. Pesadas eram as críticas de Padre Bochard, que não entendeu o vento da graça que soprava sobre Irmão Gabriel:

> Esse pobre irmão foi arruinado pelo orgulho, desprezou nossos conselhos, e eis que, abandonado a si mesmo, tornou-se o joguete do clero. Vai pregar em diferentes paróquias e se torna ridículo por sua mesquinhez; e passa tranquilo de uma extravagância a outra. Estou mais do que nunca convencido de que será sempre um iludido, que não conseguirá nunca pôr a primeira pedra de sua congregação.[1]

O iludido tomou o caminho de Brénod. O planalto do Bougey torna-se o novo campo de ação e de apostolado de Irmão Gabriel. Brénod, que está situado no meio do caminho entre Belleydoux e Belmont, conta hoje com apenas 427 moradores, enquanto na época de Taborin superava os mil. Irmão Gabriel costumava percorrer a cidade, caminhando pelos bosques, para

---

[1] F. Bouvet, op. cit., p. 66.

encontrar-se com o pároco, Padre Tiago Charvet, que tinha sido vice-pároco em Belleydoux entre 1818 e 1824.

Saindo de Ménestruel chegou a Brénod, onde Padre Charvet recomendou-lhe ir visitar o bispo de Belley, Dom Devie, que se encontrava em visita pastoral na região de Trévoux. Encontrou o bispo em Genay no dia 25 de fevereiro de 1827.

Foi um momento decisivo para sua vida, pois o bispo entendeu seu ânimo e suas aspirações e, mesmo tendo presentes as mil dificuldades que encontraria ao longo do caminho, deu-lhe seu pleno apoio e de sua parte submeteu-se à vontade do pastor.

Irmão Gabriel deixa escrito em suas *Memórias*:

> Era a Dom Devie que Deus tinha pensado para fazer crescer o grão de mostarda que eu tinha plantado em outra diocese. Em seguida, devia ser semeado e criar raízes profundas nesta diocese, onde voltei em 1826. Logo que foi possível, abri meu coração ao santo bispo de Belley, falei para ele de minha vocação, da associação que eu queria fundar e das provações a que a Divina Providência quis me submeter desde o início; o venerável prelado predisse-me que outras provas estavam me esperando, ainda maiores, mas insistiu para que não desanimasse. Prometeu-me ajuda e a sua proteção e também seu apoio econômico, se fosse necessário. Faço questão de dizer que foi coerente com suas promessas, até o dia de sua morte, e por isso Dom Devie deve ser considerado, pelo menos por mim, como fundador de nossa sociedade. Assim o considero e assim devem considerá-lo todos os nossos irmãos e noviços. Desde o dia do retorno à minha diocese até o ano de 1829, fui enviado a várias paróquias como catequista. Dedicava-me a este santo ministério com uma grande alegria e procurava dar a maior solenidade possível à Primeira Eucaristia das crianças. Preparava-as com um retiro para este acontecimento, no

qual no início da vida recebem o penhor da vida eterna. Nas minhas exortações convidava-as a relembrarem cada ano com fervor o acontecimento da Primeira Eucaristia; e é isto que eu mesmo sempre fiz. A divina Eucaristia conserva e aumenta no homem fiel a pureza, a força, a alegria, a paz, a caridade e tudo o que conduz para a vida eterna: assim sempre acreditei. Tenho ministrado a catequese sobretudo em Châtillon-les-Dombes. Experimentei a alegria de poder ministrar o catecismo durante três meses no lugar onde o tinha feito São Vicente de Paulo. Fazia-o também em outros lugares, como em Brénod e em Hauteville, onde também era professor e encarregado do serviço da igreja. Tudo isso durante dois anos. Durante esse tempo não tinha abandonado a fundação da obra da Sagrada Família e esperava o momento certo, tendo reunido todos os elementos necessários para começá-la. Tinha medo, é lógico, que minha pouca virtude e meus numerosos pecados fossem um obstáculo para essa obra. Precisava encontrar uma casa para instalar um noviciado, mas, antes, devia prepará-lo com a oração e a meditação da regra que deveria reger a associação. Dediquei três anos a isso.

Na paróquia de Brénod assumiu a catequese, sendo também solicitado pelos párocos das proximidades. Permaneceu ali até o fim de julho de 1828, para depois chegar, na companhia de três aspirantes, a Champdor, onde era pároco Padre Marin Gâche, seu amigo de outros tempos e mais tarde pároco de Belmont.

Champdor está situado a 800 metros de altura: é um pequeno povoado cujas atividades mais características são: extração de pedras, produção do queijo Comté e agricultura. Aqui, Irmão Gabriel foi morar em duas ocasiões, a primeira por três meses como catequista, onde acolhe três postulantes e presencia a quarta tomada de hábito. A segunda vez, por ocasião da revolução de julho de 1830.

Instrutor e catequista itinerante, Irmão Gabriel realiza com as crianças, que se prepararam para a Primeira Eucaristia e a Crisma, numerosas peregrinações à capela de Nossa Senhora de Mazière, situada a dois quilômetros da cidade, numa densa mata de pinheiros.

O prefeito e o pároco de Hauteville requisitaram Irmão Gabriel ao mesmo tempo, depois de tê-lo conhecido como catequista durante um retiro espiritual. O pedido foi aceito e o reitor da Academia de Lyon, com o consentimento de Dom Devie, nomeou-o professor da escola municipal de Hauteville, no dia 30 de outubro de 1827. A pequena cidade, entre 850 e 1.100 metros de altura, conta hoje com uma imensa estrutura sanitária, com numerosos estabelecimentos hospitalares, onde trabalham perto de 1.400 pessoas: clínicas, sanatórios, centros de recuperação física de todo tipo, institutos geriátricos. Tudo começou em 1898, quando um médico de Lyon, Doutor Mangini, junto com seu filho, seguindo as experiências para o tratamento de doenças pulmonares feitas na Alemanha e na Suíça, num clima de montanha, frio e seco, decidiu edificar o primeiro sanatório modelo, especializado na cura da tuberculose. Tudo andava tão bem, que Irmão Gabriel abriu uma escola no dia de Todos os Santos. Depois de um ano, as pessoas de Hauteville estavam entusiasmadas, e vários moradores das localidades vizinhas pediram com insistência para admitir seus filhos como pensionistas. E assim aconteceu, graças a muitas autorizações civis obtidas. Também o pároco estava muito satisfeito com o trabalho catequético de Irmão Gabriel. Padre João Francisco Grillot, pároco de Hauteville de 1803 a 1858, deixa este testemunho:

... uma tarde, pelas 10 horas, ouço bater bruscamente na porta. Levanto e pergunto: "Quem é?". "Sou eu", responde uma voz desconhecida. "Por que a esta hora? O que tem de novo?" "Senhor pároco" – diz o visitante –, "há uma pessoa gravemente enferma que reclama seu ministério". Levanto rápido e encontro um moço jovem entre os 17 ou 18 anos. Entra comigo na igreja e depois me faz parar perto do confessionário com estas palavras: "O doente sou eu; peço-vos que me atenda em confissão". Entro no confessionário e o jovem se confessa. Saindo da Igreja, não posso deixar de perguntar-lhe o motivo daquela decisão intempestiva, e de ter ousado vir de tão longe e numa noite tão escura. "Senhor pároco, é que nunca esqueci o retiro de minha Primeira Eucaristia, pregado pelo Irmão Gabriel. Há uma coisa que não quero nunca esquecer. Ele nos disse que não devemos nunca permanecer escravos do demônio e nunca ir dormir com um pecado mortal na consciência, porque poderíamos muito bem acordar no além... E por isso me permiti turbar seu repouso. Peço-vos desculpas". Saudei-o e voltei para a casa paroquial, glorificando a Deus, pela bênção concedida a seus trabalhos em minha paróquia.[2]

Em Hauteville, mesmo que não se sentisse em seu ambiente, realiza-se a quinta tomada de hábito dos Irmãos de São José. Nos momentos de repouso lia, relia e corrigia os Estatutos que tinha redigido em Saint-Claude, e ao mesmo tempo procurava uma casa para estabelecer o noviciado. Encontrou essa casa em Belmont, antigo povoado do Valromey, que hoje conta com 394 moradores, mas na época havia mais de mil, e isso explica o grande afluxo de jovens na escola de Irmão Gabriel, que deixa escrito:

> A paróquia de Belmont, próxima de Belley, foi escolhida para ser o berço de nossa sociedade e nela constituir nossa primeira

---

[2] Ibid., p. 72.

casa de noviciado. Cheguei nos primeiros dias de novembro de 1829. Fui muito bem acolhido pela família De Lauzière, que me protegeu e me concedeu favores em muitas circunstâncias, porque estava muito interessada em que minha obra afundasse suas raízes nesse povoado pelo bem que poderia fazer. Adquiri uma casa em Belmont e abri um pensionato autorizado pelo Conselho Real. Este pensionato se transformou no núcleo de nossa obra. Rapidamente a casa se encheu de bons pensionistas e havia também alguns externos da paróquia. Tinha somente um ajudante, um professor, ao qual em Hauteville, por um certo tempo, tinha dado trabalho, mas que a seguir teve que se afastar de minha instituição. Este fato causou-me não poucas inimizades por parte de alguns simpatizantes que ele tinha no povoado. Ele me fez concorrência, mas, após ter casado, teve que se afastar do povoado por causa das dívidas e por falta de alunos. De fato, a maior parte dos alunos da paróquia e todos os pensionistas ficaram comigo.

Tinha, então, adquirido em Belmont um edifício com um terreno por cerca por 6.000 francos: era perto da igreja, na frente do castelo do nobre de Lauzière, que contribuiu financeiramente para a iniciativa. A construção encontrava-se num pequeno relevo, um lugar que foi sempre muito caro ao Irmão Gabriel, como revela uma carta: "creio que acabarei minha carreira neste paraíso terrestre", mas em seguida teve que abandoná-lo.

Acima da porta principal da moradia pode-se ainda ver as letras da escrita posta pelo Irmão Gabriel: *Etablissement religieux des Frères de la Sainte Famille* [Casa religiosa dos Irmãos da Sagrada Família] e, como comenta o irmão Bouvet, primeiro biógrafo, "não será para sugerir-nos resgatá-la?".[3]

---

[3] Ibid., p. 76.

Estabeleceu-se em Belmont no dia 4 de novembro de 1829 e encontrou no pároco e na aristocrática família de Lauzière ótimos colaboradores. Obtida a autorização de Dom Devie, bem como a nomeação para instrutor do reitor da Academia de Lyon, Irmão Gabriel, enquanto esperava a chegada de noviços, decidiu abrir um pensionato, que logo teve sucesso, e os locais se tornaram insuficientes para satisfazer todos os pedidos. Enquanto não existia ainda uma capela na casa de Belmont, frequentava diariamente com seus alunos a igrejinha românica do povoado.

A nova ventania revolucionária que soprou sobre a França em 1830, dando novamente forma ao ódio antirreligioso e antieclesiástico, pôs sérios obstáculos aos desígnios de Irmão Taborin. A casa de Belmont precisou ser fechada e ele foi vítima de um atentado por parte de um homem que disparou uma arma de fogo contra ele. Sem se ferir, corajosamente imobilizou seu agressor, deu-lhe o perdão e prometeu rezar por ele.

Foi precisamente em Belmont que ele conheceu o Barão de Champdor, que logo demonstrou grande confiança por ele, a ponto de convidá-lo para morar em seu castelo e confiar-lhe a administração de seus bens. Irmão Gabriel aceitou e deixou sozinha a fiel doméstica Joana, recém-chegada da casa Taborin para ajudá-lo no cuidado da casa. A nova posição era invejável: uma habitação esplêndida, trato de senhor em todo momento do dia, somente uma hora de trabalho por dia, um ótimo salário e muitas outras vantagens. Mas não era esta a vida que ele queria, como explica em suas *Memórias*:

> Os acontecimentos políticos de 1830 criaram certa inquietação no clero: era prevista uma perseguição. Disseram-me que teria sido temerário começar a criação de um noviciado de

irmãos e que os tempos não eram favoráveis. Tive a ocasião de consultar para esse propósito Dom Devie, e ele me confirmou que efetivamente era prudente esperar. Nessa circunstância, o Barão De Montillet de Champdor me propôs de ser seu administrador. Oferecia-me sua mesa e um bom salário anual, e ainda uma renda de 1.200 francos quando morresse. Ainda me oferecia alojamento cômodo e várias outras vantagens que poderiam agradar a muitos. Informei Dom Devie sobre isto e ele me disse que não devia hesitar em aceitar isso, porque ele via nesta oferta um sinal da Divina Providência, oferecendo-me um bom emprego enquanto aguardava a passagem da tormenta, que temia que fosse longa.

Seguindo o conselho do venerado bispo, aceitei. Fechei o pensionato de Belmont, com grande descontentamento dos habitantes do povoado, dos meus pensionistas e de seus pais, que sempre me honraram com sua confiança, embora tivesse concorrência... Deixei em casa somente uma idosa senhora para o serviço, respeitável pela idade e pela conduta, que anteriormente tinha sido empregada na casa de meus pais por mais de 25 anos. Fui ao castelo de Champdor com o firme propósito de não me deixar seduzir pelo brilho do dinheiro e de voltar logo que o momento fosse favorável para a fundação do noviciado, que tinha em projeto e que desde muito tempo desejava.

No castelo eu era verdadeiramente feliz, conforme os costumes: uma mesa rica, apartamentos luxuosos, um trabalho que me ocupava somente uma hora por dia, um bom salário, uma renda para o futuro, e tudo isso garantido por um documento totalmente legal, do qual guardo ainda uma cópia. Tudo isso, porém, estava muito longe de seduzir meu coração. Nada mais fazia do que sofrer; tornei-me triste e sonhador. Era como um peixe fora d'água, meu desejo era voltar ao meu ritmo natural de vida. Sem dúvida, o barão era muito ligado a mim e queria

absolutamente que eu ficasse lá. Ele me dizia: "Olha que belo futuro te espera em minha casa, não sou casado, não tenho filhos, minhas posses são grandes, tenho como garantir uma boa pensão. O que você espera encontrar instruindo crianças, senão preocupações e na maioria das vezes ingratidão? O que acredita obter formando irmãos a não ser criar-se uma quantia sem fim de problemas e de preocupações e ainda mais carregar sobre si grandes responsabilidades? Onde pensa encontrar o dinheiro para mantê-los? Escute-me, fique aqui".
Não nego que essas considerações não me tenham atingido; mas não me puderam vencer. E logo, ao perceber que a tormenta, num primeiro momento tão assustadora diante dos acontecimentos políticos de 1830, não conduziu às terríveis consequências previstas, fiz o possível para voltar imediatamente a Belmont. Queria dedicar-me de corpo e alma à minha primeira vocação, cumprir aquilo a que nunca renunciei, indo para o Castelo de Champdor. Afinal, depois de muita insistência, o barão deu seu consentimento para que eu partisse, mas não fez isto de bom ânimo. Ele considerou minha saída como uma ofensa pessoal e como desprezo por suas propostas, tão vantajosas para mim. Morreu três anos depois de minha saída de sua casa, onde morei quase um ano.

O castelo[4] e tudo o que oferecia o seu proprietário não tiveram qualquer força atrativa sobre Irmão Gabriel, que, ao contrário, sentia-se infeliz onde se encontra a felicidade "seguindo os costumes", "não fazia mais do que sofrer", e sentia-se como "um peixe fora d'água". O barão demonstrava-lhe apreço, estimava-o e tinha também afeto para com Irmão Taborin. As tentações de uma vida cômoda e boa não fizeram mudar a ideia de Taborin, e continuou a seguir seus "sonhos", projetados a outras

---

[4] Construído em 1743 e desde há alguns anos propriedade da prefeitura.

riquezas, àquelas pelas quais tinha deixado tudo: "O Reino do céu é semelhante a um comprador que procura pérolas preciosas. Quando encontra uma de grande valor, ele vai, vende todos os seus bens e compra essa pérola" (Mt 13,45-46).

Assim, quando o governo do rei da França, Luiz Filipe, restabeleceu a ordem e a religião não foi mais perseguida, ele anunciou ao Barão de Champdor sua saída próxima. Este, levando uma vida mundana que o próprio Irmão Gabriel tinha censurado, deixou-se levar por uma péssima reação emotiva e tentou em vão convencê-lo a permanecer. Na hora da saudação de despedida confiou-lhe, todavia, o cuidado dos interesses de suas propriedades imobiliárias de Belmont. Irmão Gabriel fez o pedido para abrir um pensionato no povoado de Belmont para os jovens da escola primária e conseguiu a autorização.

Em breve tempo, o número dos pensionistas chegou a sessenta. Irmão Gabriel, além de professor, era também catequista, cozinheiro, padeiro e empregado a serviço do pároco. Com ele colaboravam os alunos e o noviço que tinha vindo de Champdor. Mil atribuições, mil responsabilidades e tudo conseguia desenvolver com a oração e a riqueza da alma. Seguidamente, Irmão Gabriel era obrigado a deixar o pensionato para pedir esmola. A pobreza continuava a ser grande, e os aspirantes para a recém-nascida congregação ainda eram poucos e nenhum deles podia contribuir nos gastos de pensão do noviciado. Além disso, muitos, vencidos pelo desânimo, deixavam o lugar. Com uma carta de apresentação do bispo, Irmão Gabriel ia para Lyon a fim de procurar ajuda. Um compromisso pesado, tanto em nível físico como moral. Precisava percorrer as muitas escadarias para chegar às várias habitações, e às vezes era-lhe negada, com maus modos, a ajuda implorada. Antes de bater à porta de possíveis benfeitores, ajoelhava-se na escadaria e rezava para que as pessoas que encontrasse se sensibilizassem. Pedia a todos indistintamente, mesmo que fossem protestantes ou judeus. Continuou desse jeito até 1837, quando as autoridades de Lyon proibiram a todos de pedir esmolas. Foi assim que Irmão Gabriel, sempre confiante na Providência, não precisou pedir a qualquer outro, pois chegaram postulantes que estavam em condições de pagar sua pensão para o ano de noviciado.

O berço do Instituto da Sagrada Família foi mesmo Belmont, o verde povoado das montanhas. Ainda hoje é possível admirar as fontes artísticas e os fornos antigos, numerosos no caminho que conduz para a moradia adquirida por Irmão Gabriel. Visitamos Belmont no outono e o encanto das tintas quentes e nostálgicas desse lugar, o silêncio mágico, as casas de pedra e madeira, o colorido dos gerânios suspensos nas paredes, o murmúrio das águas correntes nas fontes, assim como a presença harmoniosa de cavalos, ovelhas, burros, gansos... revelaram-nos um mundo não muito diferente da época em que aí vivia Irmão Gabriel.

5
Sozinho com seu hábito

Num documento redigido por Irmão Gabriel em Lyon, no dia 2 de setembro de 1831, podemos ler as finalidades da instituição que ele tinha projetado em Belmont:

> Esta casa é autorizada pelo Conselho Real da Instrução Pública a ter alunos pensionistas. Oferece aos jovens de Belmont e da zona rural, no que diz respeito à educação religiosa e civil, numerosas vantagens, que a maioria dos habitantes de Valromey não podem receber em seus municípios, seja porque muitos deles não têm instrutor, seja porque um bom número de instrutores da zona rural dá aula somente no inverno; e assim muitos jovens do povoado vivem na ignorância. Esta casa é dirigida por instrutores unicamente consagrados, por sua condição, à educação da juventude. Eles fazem aos pais o presente convite do Salvador do mundo: "Deixai vir a nós os pequenos cristãos que o Senhor vos doou, para fazer deles perfeitos cristãos, que sejam mais tarde homens preciosos para a religião e a sociedade".
> Eles ensinam leitura, escrita, ortografia, cálculo, boas maneiras, canto gregoriano, enfim, tudo o que se precisa para a preparação dos estudos superiores.
> Para aproveitar ao máximo as lições ministradas na dita casa, os alunos devem entrar logo no início dos cursos e não sair antes da conclusão do ano letivo. Durante esse tempo, os pais não devem retirá-los para empenhá-los em outros trabalhos; está de fato comprovado que, quando os alunos interrompem

os estudos durante o ano, as lições que recebem se tornam estéreis, e não obtêm bons resultados.

Tudo é feito com ordem e os estudantes são obrigados a seguir pontualmente o regulamento da casa. Para mantê-los na observância do dever e para corrigi-los, os mestres usam os meios baseados na persuasão. Se estes se tornassem ineficazes, o aluno seria entregue aos pais com toda a discrição, em consideração ao bom nome das famílias. A imoralidade, a irreligião, a insubordinação, a preguiça incorrigível podem ser motivos suficientes de exclusão. Os pais que prezam a inocência dos filhos e compreendem a influência que podem ter certos discursos e exemplos negativos nos corações jovens, saberão apreciar a importância destas providências.

Nada será omitido para assegurar a saúde dos jovens: boa alimentação, cuidadosa limpeza, cuidados particulares e o clima saudável haverão de contribuir muito. A Casa é situada num dos lugares mais encantadores de Valromey. As matas, os vales aprazíveis e férteis oferecem aos alunos, durante os recreios e nos feriados, os mais variados e recreativos passeios.

Quando um jovem estiver indisposto, será objeto de todo possível cuidado: passará por consulta médica e, caso tratar-se de doença grave, os pais serão logo informados.

Os assistentes do pensionato exercerão a vigilância mais assídua e esforçar-se-ão por substituir os pais, para convencer os alunos de que mesmo estando na pensão sentir-se-ão como no seio de sua família.

A mensalidade é paga a cada dois meses por antecipação e não pode ser reduzida por ausências inferiores a quinze dias e que não tenham doença como causa.

Os pais tenham a gentileza de prenotar a vaga do futuro pensionista pelo menos quinze dias antes do início do curso. O preço da pensão será de 25 francos mensais e o do semipensionato de 10 francos. Cada um entrega ainda, desde o primeiro dia, o valor anual de 8 francos para a calefação, a iluminação e despesas várias. Este valor não terá alguma redução, mesmo que um educando tenha que se retirar antes do fim do ano letivo.

O serviço de lavanderia, costura e os honorários para o médico estão a cargo das famílias, como também os livros de texto e o material escolar que podem ser fornecidos no pensionato.

O ano letivo tem início no dia 3 de novembro e sua conclusão no dia 30 de setembro. Durante o ano letivo os pais serão regularmente informados a respeito das disposições dos filhos para o estudo e da boa ou má conduta, se deixa a desejar ou menos. Os estudantes que mais se distinguirem em saber e virtude serão premiados.

Cada pensionista deverá ter providenciado um uniforme azul, um boné preto, uma mala, produtos de toalete, seis guardanapos, e todo o vestuário que possa precisar. Danos e estragos causados pelo pensionista estão a cargo da família.

Embora essa escola não deva ser considerada "escola normal" em sentido estrito, vários jovens que a frequentaram com a intenção de formar-se no método de ensino, nas virtudes e nas noções para tornarem-se bons instrutores primários, alcançaram este objetivo, e agora, tendo conseguido a titulação, desenvolvem estas atividades em vários municípios, com grande satisfação dos moradores.

O Senhor Gabriel Taborin, diretor da escola, e seus colaboradores contribuirão para a formação dos estudantes que quiserem dedicar-se à exigente mas honrosa função de instrutor primário.

Muito claros, precisos e concretos os objetivos propostos por Taborin, que vê na alfabetização um recurso essencial do crescimento humano e deseja tirar da ignorância a juventude que vive no campo. Significante e esclarecedora sua atenção para com a família: ao centro dos objetivos pedagógicos não há somente a criança, mas no projeto é envolvida toda a família. Trata-se aqui de ver o primeiro evidente sinal do seu grande interesse voltado para o núcleo familiar da pessoa, prelúdio daquela formação educativa que terá por modelo a Família de Nazaré, a Sagrada Família, justamente a quem confiará a proteção do instituto inteiro e que verá sempre como fundamento da arte pedagógica.

Irmão Gabriel conseguiu, então, abrir o pensionato; mas a situação não era fácil, por duas razões: a primeira por causa da contrariedade da administração local para com a recém-nascida congregação religiosa, a segunda era de caráter econômico; a Irmão Gabriel faltava dinheiro, tanto que foi obrigado a vender metade da casa de Belmont.

Como nenhum instrutor tinha sido nomeado durante sua permanência no castelo do Barão de Champdor, ele continuou a ser considerado o instrutor municipal. Mas, quando Irmão Gabriel fez o pedido para poder dispor dos locais e dos direitos próprios dos institutos públicos, a administração local, mal aconselhada pelo pároco, Padre João Claudio Bosson,[1] negou-lhe tudo e tirou-lhe também o mandato de educador, que foi confiado a um tal de Favrier, que chegou a Belmont no dia 1o de dezembro de 1832, abrindo a escola municipal. Mas os resultados foram muito negativos e os pais, insatisfeitos, fizeram suas reclamações e, depois de somente dezessete meses, foi obrigado a deixar o povoado. A mesma sorte coube a Padre Bosson, que foi destinado por Dom Devie à paróquia de Corcelles, no cantão de Brénod. Tomou posse da paróquia Padre Marino Gache, que tinha sido pároco de Champdor e que, portanto, era bem conhecido pelo Irmão Gabriel. A escolha deste sacerdote

---

[1] Pároco de 1830 a 1833.

faz pensar em um ato de manifesta simpatia do bispo para com Irmão Gabriel, querendo libertá-lo dos obstáculos que se interpunham entre os planos e sua realização; Padre Gache, de fato, tornou-se um ótimo colaborador.

A parte do imóvel adquirido por Irmão Gabriel não era mais suficiente, portanto, dedicou-se a procurar uma alternativa. Os membros da Sagrada Família tinham aumentado também porque, em dezembro de 1833, houve uma tentativa de fusão dos clérigos de São Viator, uma comunidade religiosa fundada recentemente em Vourles, perto de Lyon, por Padre Querbes; tentativa que, depois de muitas discussões, não foi concluída, mesmo porque as prolongadas estadas de Irmão Gabriel em Vourles deixavam a jovem realidade de Belmont sem pai, o que era prejudicial; porém, tudo voltou à normalidade.

Procurou novamente, com o conselho municipal, pedir a direção da escola municipal, resultado que lhe teria garantido algumas vantagens; mas ainda uma vez foi-lhe negada, por isso, no dia 8 de abril de 1834, resgata a parte da casa que tinha vendido a Padre Dépommier. E ainda pediu ao bispo a autorização para abrir uma capela em casa, pedido esse concedido no dia 18 de maio de 1834. E no dia 12 de junho já era possível celebrar seis comunhões. No mesmo ano obteve-se a autorização de erigir a *via crucis*, que foi honrada com uma celebração eucarística em 31 de dezembro: a partir dessa data foi possível, graças a uma autorização de Dom Devie, celebrar todos os ofícios na capela da casa, enquanto antes era necessário dirigir-se à paróquia. Foi assim que "a comunidade teve um grande benefício; e, à dissipação provocada pelo contínuo ir e vir no povoado, devia suceder um espírito de maior recolhimento".[2]

---

[2] F. Bouvet, op. cit., p. 94.

Em Belmont, Irmão Gabriel já era muito apreciado e estimado. Um dia, não se sabe de que ano, aconteceu que o pregador da festa patronal foi impedido de chegar e não pode avisar o pároco, que ficou muito preocupado por esse contratempo. Foi assim que ele pediu a Irmão Gabriel que tomasse ele mesmo a palavra para a pregação. Os fiéis lotavam a igreja e o convidado respondeu: "Reverendo pároco, não posso; não pensei nisso".[3] De que poderia falar, tomado assim de surpresa? Mas o pároco insistiu e Irmão Gabriel teve que aceitar. Ajoelhou-se no primeiro degrau do altar rezando ao Espírito Santo para que o iluminasse. Depois tomou a palavra e cativou os presentes durante uma hora, refletindo sobre o tema da santidade. Ao terminar, Padre Gache afirmou: "O senhor disse que não estava preparado; mas nunca nenhum pregador fez uma pregação melhor do que a sua. Precisaria sempre pregar assim".[4]

Quando tinha tempo livre visitava as igrejas. Certa vez, encontrou-se com um desequilibrado que afirmava ser o Arcanjo Gabriel, enviado à terra com o encargo de reformar a religião. Irmão Gabriel agarrou-o pelo braço para afastá-lo, mas, fazendo esse movimento, caiu-lhe um punhal que o indivíduo escondia na manga, e logo, o anjo, recolhendo do chão sua arma, fugiu rapidamente.

Ainda durante o período em que estava em Belmont aconteceu outro fato.

Dois noviços da abadia de Hautecombe tinham fugido e foram à casa de Irmão Gabriel pedir que pudessem entrar na sua comunidade; mas ele explicou-lhes que tal comportamento era muito ruim e que deveriam voltar para a abadia. Os dois

---

[3] Ibid., p. 95.
[4] Ibid., p. 96.

noviços disseram que poderiam não ser readmitidos, então Irmão Gabriel decidiu acompanhá-los; mas a travessia do lago, para voltarem, foi muito difícil por causa de uma violenta tempestade. Todos, também os donos da barca, tinham perdido a confiança, pensando que fosse o fim. Deixaram-se levar pelo desespero, mas não Irmão Gabriel, que começou a rezar e cantar as ladainhas de Nossa Senhora, convidando inutilmente os outros a acompanhá-lo. Continuou a cantar sozinho... e o vento acalmou-se.

Já tinham transcorrido doze anos desde que vestira o hábito em Les Bouchoux e já fazia cinco anos que morava em Belmont, mas sua congregação parecia ter dificuldade na decolagem. "Você formará uma congregação religiosa; encontrará muitas dificuldades para realizar esse projeto, mas vai conseguir", disse-lhe em um dia de 1832 o célebre missionário de Chambéry, Padre José Maria Favre (1791-1838). E prosseguiu: "Deus há de abençoar sua obra, que fará muito bem. Vai espalhar-se na Saboia, será reconhecida pelo Governo Sardo; e um dia você possuirá a casa de Tamié". Estas palavras proféticas emocionaram muito a Irmão Gabriel, que nelas viu o desígnio de Deus continuando a projetar-se nele, embora tivesse muitas dificuldades e momentos em que ficou sozinho, sem irmãos, porque o abandonaram. Continuou com perseverança a usar o hábito, vestido em Les Bouchoux, e às pessoas que perguntassem a qual congregação pertencia, ele não hesitava em dizer que era da Sagrada Família. E quando perguntavam se era numerosa, ele respondia que era o único membro. Seguidamente acontecia que fosse humilhado por causa dessa resposta, que parecia ridícula aos pequenos ouvidos dos homens, mas na realidade era sublime diante de Deus. Era ainda o tempo do trabalho e do silêncio, como na casa e no laboratório do carpinteiro de

Nazaré, quando a Sagrada Família se recolhia em oração e operava sob o olhar amoroso de Deus e ainda não sob o olhar voraz dos homens.

Em seguida chegou um raio de novidade, quando, ao final de 1835, o bispo escreveu uma carta consoladora a Irmão Gabriel:

> Meu filho, até agora não te ajudei muito; tens trabalhado quase sozinho. Queria ver se o desânimo te tivesse vencido e se teu projeto viesse verdadeiramente de Deus; mas agora me parece não mais poder duvidar disto. Coragem então: trabalhe e prossiga esta obra: a partir de agora teu bispo te ajudará mais.[5]

E o bispo, que durante anos tinha posto à prova o terreno de fé de Irmão Gabriel, foi pela primeira vez em visita à casa de Belmont. Nessa ocasião, Irmão Gabriel assim se expressou:

> Desejaria saber expressar melhor nossa alegria por esta visita, em que Vossa Excelência Reverendíssima, cansada pela longa viagem, não tem medo de acrescentar novas fadigas para satisfazer os nossos desejos. Tenho certeza de que a visita, com a qual nos honra, produzirá os melhores frutos de bem entre nós. Enquanto rogamos a Vossa Excelência Reverendíssima que aceite a filial homenagem de nossa submissão, rogamos também que aceite a expressão sincera de nossa gratidão, que será duradoura como o nosso amor. Vós sois o pai e o sustento de nossa pequena associação.
>
> Queira receber a chave deste asilo de paz, onde ninguém deveria entrar a não ser com a intenção de seguir a prática das virtudes que nos apontais com o exemplo e com a palavra.[6]

---

[5] Ibid., p. 102.
[6] Ibid., pp. 104-105.

Os religiosos e as religiosas da primeira hora de uma nova realidade eclesial passam sempre por grandes sacrifícios e grandes privações; o mesmo aconteceu também com os primeiros Irmãos da Sagrada Família.

Finalmente, no dia 23 de abril de 1835, pôde-se fazer uma tomada de hábito e, em 6 de maio, abriu-se uma casa para o serviço da catedral de Belley, para onde Irmão Gabriel enviou dois irmãos como sacristãos, um ofício ao qual o fundador ficou sempre particularmente ligado.

Irmão Gabriel teria desejado restabelecer o culto de Sant'Ana no seu povoado natal, uma devoção que o remetia à sensibilidade religiosa de seus familiares. Lemos numa carta significativa e bela que irmão Taborin dirigiu ao bispo no dia 22 de outubro de 1835:

> Conheço o grande zelo de Vossa Excelência Reverendíssima para o culto e a glória dos santos, dos quais imita tão bem as virtudes. Tomo a liberdade e tenho a honra de dirigir-lhe a presente, para satisfazer uma necessidade empolgante do meu coração. Desejaria submeter-lhe, e com toda humildade, um projeto que, pelo que creio, tende para a maior glória de Deus, para a salvação das almas e a edificação dos moradores do meu povoado. Queria restabelecer em Belleydoux, minha paróquia natal, o culto da Bem-aventurada Sant'Ana, mãe da Virgem Maria, cuja proteção, de feliz memória, manifestou-se seguidamente nessa região, em tempos calamitosos, quando os bons habitantes de nossas montanhas iam em procissão à capela privada desta santa, para honrá-la e para implorar sua válida proteção, pois, no dizer de nossos anciãos, nunca foi invocada em vão!
> A capela em questão foi erigida pelos meus bisavós, e está situada na paróquia de Belleydoux, aos confins do Jura e diretamente no caminho de Nantua a Saint-Claude. Sua posição

inspira devoção aos passantes, que nunca deixam de ajoelhar-se diante da avó do Salvador, para expor suas necessidades e depositar, quase sempre, suas oferendas.

Em 1794, a impiedade revolucionária, não satisfeita de envenenar o ambiente de nossas cidades, penetrou até nas localidades mais remotas de nossas montanhas; violaram a entrada da capela desta santa e alcançaram o cume do seu furor satânico, destruindo completamente este piedoso edifício.

Claudio José Taborin, meu falecido pai, mais piedoso que abastado, mostrou-se apressado, logo que a paz foi devolvida à Igreja, em elevar um oratório sobre as ruínas da antiga capela; e os fiéis continuaram a dirigir seu olhar para este oratório, em suas necessidades. Muitos vão em peregrinação, na certeza de não serem desiludidos em suas esperanças.

Herdeiro desta preciosa capela, sempre acreditei prestar homenagem à piedade de meus pais, conservando o venerado edifício, com a intenção de ampliá-lo e decorá-lo de tal maneira que não diminua a honra devida a esta grande santa. Movido mais do que nunca pelo desejo de por mão à obra, voltei a Belleydoux para consultar em primeiro lugar o pároco e depois as pessoas mais interessadas e influentes; depois visitei novamente a capela em previsão de uma próxima restauração, que todos os habitantes desejam vivamente. O pároco, naturalmente, está muito satisfeito e dará de bom grado a autorização, seu cuidado, e seu particular interesse a esta obra de bem. O senhor Mermet, prefeito do lugar e magistrado eminente, vê favoravelmente o projeto e oferece sua especial contribuição, como também várias outras pessoas dignas de estima: de tal modo que tenho a relativa certeza de ter os meios necessários para a restauração.

Se os fiéis já fazem ali uma parada prolongada, quanto maior não seria sua devoção se uma capela maior pudesse ter uma relíquia desta santa.

Tenho a confiança, Excelência Reverendíssima, com seu consentimento, de conseguir o empreendimento; e ainda mais que Dom Dépéry, que partilha plenamente seus sentimentos para com o culto e a glória dos santos, já me prometeu fazer os pedidos necessários, para obter de Roma a prezada relíquia.

Para concluir, desejaria que Vossa Excelência Reverendíssima pudesse estabelecer nesta veneranda capela uma Confraria de Sant'Ana, para que obtenha uma boa vida e uma santa morte a seus devotos, seguindo o modelo daquela de Hauteville e de Lochieu, ressalvando algumas exceções particulares para o regulamento, e as indulgências para a dita confraria de Sant'Ana. Conhecendo por experiência o zelo de Dom Dépéry, estou persuadido de que basta um mínimo aceno de Vossa Excelência Reverendíssima para que logo mande imprimir um pequeno manual com a vida de Sant'Ana, a bula das indulgências da dita confraria, o regulamento e outras coisas que Vossa Excelência Reverendíssima julgue a propósito acrescentar.

Se o senhor desejasse algum outro detalhe a respeito desta proposta, poderia dá-lo fielmente; e logo ao conhecer sua decisão terei o cuidado de enviar uma cópia ao pároco e ao prefeito de Belleydoux,

Os fiéis de Belleydoux e das vizinhanças serão, Excelência Reverendíssima, como o abaixo-assinado, muito reconhecidos por ter permitido a reedificação de dita capela e estabelecido a confraria que tive a honra de sugerir. Parece-me que tudo isso faria um bem imenso nesses arredores, sendo que os fiéis são particularmente bem-dispostos a respeito disso.

Eis, Excelência Reverendíssima, o projeto que teria elaborado. Já o encomendei a Deus e a algumas pessoas devotas, de intensa espiritualidade. Hoje o ponho humildemente aos vossos pés, com a sincera intenção de me submeter inteiramente às vossas decisões, pois sempre as considerei como provenientes do próprio Deus...

Nessa carta resulta evidente toda sua ligação à família, à sua terra, ao húmus onde felizmente cresceu. Sant'Ana, a avó do Salvador, representa a família unida e representa a precisa devoção católica e popular presente no seu território, aquela que o terror jacobino queria debelar com o extermínio completo, tal como tinha feito na Vandea.

No entanto, novos recrutas chegavam para a Sagrada Família e Irmão Gabriel, sempre muito sério e prudente, examina com atenção cada caso, aconselhando-se sempre com o seu bispo.

Homem sério e com ideias firmes, age sempre abertamente, sem subterfúgios, analisando tudo sempre com objetividade, por amor a Cristo, por amor à verdade, mesmo quando deve perder pessoalmente.

6
Quando Deus chama...

Novos candidatos chegavam a sua comunidade, mas a congregação não tinha ainda sido aprovada pelo Governo e dificilmente se teria obtido tal aprovação, tendo em vista a hostilidade das autoridades a respeito do mundo católico. O bispo concebeu o projeto de englobar numa só instituição a congregação dos Irmãos da Sagrada Família de Irmão Gabriel e a dos padres maristas da Sociedade de Maria, fundadas em Belley pelo Padre João Claudio Colin. Mas Taborin não estava minimamente de acordo. O espírito do Instituto da Sagrada Família não podia ser misturado com realidades muito nobres, mas diferentes:

> É para responder ao desejo de Vossa Excelência Reverendíssima que tenho a honra de expor em toda humildade as minhas disposições a respeito da fusão de nossa Sociedade da Sagrada Família com a sociedade dos irmãos maristas.
> Confesso, Excelência Reverendíssima, com toda a humildade do meu coração, que rezei e meditei sobre esse assunto, na presença de Deus, como foi-me aconselhado por vossa grandeza, a última vez que tive a honra e a sorte de podê-la ver. Tendo feito tudo isso com espírito de fé, a fim do bem, e com a intenção de obedecer às vossas ordens, o resultado foi que, em lugar de me sentir levado para a união com uma sociedade estranha, e não obstante minha boa vontade, uma grande relutância me impede de fazê-lo. Parece-me ouvir interiormente uma voz dizendo-me que, apesar de minha fraqueza e minhas

escassas qualidades, Deus quis servir-se de mim para formar uma sociedade diferente, no seu objetivo, de todas aquelas que existiram até o presente, e que pode ser de grande utilidade, especialmente com o catecismo, as escolas e o serviço das igrejas: funções que poderão exercer um ou mais irmãos nas paróquias. Creio que seria verdadeiramente culpado, se não tomasse todos os meios para o sucesso deste empreendimento.

Irmão Gabriel, mesmo obediente e confiante no seu bispo, compreende que o chamado ao qual foi atraído não pode ser confundido com outro, porque Deus o quer num lugar bem preciso, numa realidade com fisionomia diferente de todas as outras dimensões missionárias e apostólicas. Prossegue corajosamente sem hipocrisias:

> É verdade que sou somente um servo inútil, e que não posso nada por mim mesmo; mas poderei tudo com a ajuda de Deus, pois se trata realmente de sua obra. Se essas são ilusões ou efeitos da graça, não sei. Ousarei permitir-me manifestar a Vossa Excelência Reverendíssima as razões mais ou menos válidas que, juntadas, ajudarão mais facilmente a tomar uma decisão definitiva, que contemple minha vocação e a proposta de reunificação.

Nessa importantíssima carta autobiográfica, Irmão Gabriel expressa espontaneamente, e sem deixar dúvidas, suas inclinações, suas intenções, sua vocação – vocação que traz suas origens desde o uso da razão. Trata-se de uma carta muito parecida com as cartas de Madre Teresa de Calcutá ao seu bispo Dom Fernando Périer, quando com teimosa e incessante insistência batia à porta episcopal para obter a permissão de fundar sua própria congregação de irmãs aptas a servir os pobres em Cristo.

Significativo o primeiro ponto autobiográfico escrito por Irmão Gabriel:

1. Já desde minha infância sentia-me inclinado a catequizar, decorar as igrejas para as solenidades religiosas, assistir os sacerdotes nas cerimônias do culto e dar aula aos jovens: funções às quais me consagrei com zelo quando era ainda muito jovem: o que me dava como também aos meus confessores, o pressentimento de que um dia seria consagrado a Deus para exercer estas santas funções.

2. As seguintes pessoas foram consultadas: Padre Gomme, missionário de Besançon, um venerando padre capuchinho de Chambéry, Padre Favre, superior da missão da Saboia, aos quais pude, já faz alguns anos, comunicar meu projeto e manifestar o meu íntimo, minhas inclinações, minha pouca instrução e poucos recursos. Após terem ponderado diante de Deus, disseram-me que não duvidavam das intenções divinas e dos desígnios particulares sobre mim para essa obra; e que poderia agir com segurança e sem nunca desanimar, nem no meio das múltiplas provas que deveria ainda sustentar a este respeito; e que essa obra, toda ela de Deus, desabrocharia e teria, Excelência Reverendíssima, um êxito feliz sob vossa proteção. As decisões destes homens doutos e piedosos me serviu de regra e de estímulo até hoje.

3. Comecei a Saint-Claude em 1824. Vossa Excelência Reverendíssima não ignora os insucessos e as provações que tive que suportar para conservar-me na minha vocação e continuar meu empreendimento. Cheio de coragem e de confiança em Deus, nada pôde desviar-me. Vou confessar-vos também, Excelência Reverendíssima, que nos momentos mais tristes sentia uma alegria que não saberia expressar. Essas provações deixavam-me pressentir que as coisas um dia dariam certo, com a ajuda de Vossa Excelência Reverendíssima.

4. Recusei posições vantajosas, especialmente na casa do Barão de Champdor, que me oferecia 1.200 francos por ano e assegurava-me uma boa pensão depois da morte. Pela graça

de Deus, todos estes atrativos sempre foram para mim barro e poeira, tendo sempre preferido Deus e minha vocação a todos os bens deste mundo.

5. Queriam unir-nos à obra de Padre Bochard e àquela do Padre Querbes: Deus parecia opor-se a essas uniões, e Vossa Excelência Reverendíssima sabe como foram as coisas.

Excelência Reverendíssima, abri-vos o meu coração a respeito do que vós me pedistes: fico na espera de vossa decisão, bem-disposto, como sempre, à mínima de vossas vontades. Vós sois um bom pai, Excelência Reverendíssima, e sei que tereis consideração para com a minha posição e os sentimentos que me animam a fazer o bem de vossa diocese.

Há uma semelhança em referir às prospectivas entre Irmão Taborin e Madre Teresa de Calcutá, que ousou dizer ao seu arcebispo:

> Rogo-vos, Excelência Reverendíssima, em nome de Jesus e por amor a Jesus, que me deixe ir. Não tarde. Não me retenha. Quero começar a nova vida na vigília de Natal. Temos muito pouco tempo, de agora até lá, para ocupar-nos de todos os outros preparativos. Por favor, deixe-me ir. O senhor tem ainda medo. Se a obra for exclusivamente humana, vai morrer comigo; se for toda de Deus, viverá nos séculos vindouros. Enquanto isso, as almas se perdem. Deixe-me ir com sua bênção, com a bênção da obediência com a qual desejo começar cada coisa. Não tenha medo por mim. O que acontecer não tem nenhuma importância. Excelência Reverendíssima, qualquer coisa que peçamos ao Pai em nome de Jesus é escutada. No mesmo nome, peço-o ao Senhor: por favor, deixe-me ir.[1]

---

[1] Madre Teresa de Calcutá ao Arcebispo Fernando Périer, Convento das Irmãs de Loreto, Entally, 24 de outubro de 1947.

"Deixe-me ir" é a invocação dos dois. Uma invocação que durou anos. De temperamento firme, pensamento determinado e ação vivaz, Irmão Gabriel, que herdou o temperamento fogoso do pai, não cedia e não se conformava facilmente. Quando Deus chama, mesmo na obediência aos homens, é mais forte e provocador o chamado e a ele os santos, antes de tudo e de todos, obedecem. Então a coragem se apresenta, com entusiasmo e imperiosidade.

No primeiro ponto registrado por Irmão Gabriel há toda a sua vocação, desabrochada desde os primeiros anos de vida e que é impossível negar-se, como é impossível para ele pensar em renunciar à fundação da sua congregação religiosa.

O único que permaneceu fiel, de antes de 1835 até o fim, foi o Irmão João Charrière. Quando ele chegou à comunidade de Belmont, a convite de um sacerdote de Annecy, Padre Maria Francisco Picollet, para que aprendesse naquele lugar e, depois, pudesse ir trabalhar numa realidade parecida com a de Irmão Gabriel, pensava sair logo daquela pobre comunidade:

> ... fui recebido, na ausência de Irmão Gabriel, por Joana, assim se chamava a cozinheira, ocupada naquele momento a pentear-se no vão de uma janela. Perto estava uma mesa e num canto próximo uma cadeira virada, com somente três pernas, que servia de ninho para uma galinha, que naquele momento estava chocando os ovos. Tudo isso não sinalizava uma casa muito rica, mas deixamos isso de lado, afinal não devia ficar muito tempo naquele lugar.[2]

Ficou lá para sempre.

---

[2] F. Bouvet, op. cit., p. 112.

7
A liberdade está no fundo da regra

Em Belmont havia muita pobreza, mas para Irmão Gabriel não constituía um problema; ao contrário, parecia ser o *passe--partout*, a chave para chegar aos tesouros do transcendente, conforme a concepção evangélica e franciscana. "Aproveito esta oportunidade para dizer-lhe que somos pobres em todos os sentidos", disse Irmão Gabriel em uma carta a Padre Robert, nomeado pelo bispo como pai espiritual da congregação, com quem teve mais de uma vez divergências verbais por causa de ideias diferentes, mas que depois se resolviam sem consequências,

> ... e me comprazo de certa maneira porque, aos olhos da fé, nossa pobreza é uma grande riqueza que ainda aumentará se formos fiéis à nossa vocação e se observarmos tudo o que é prescrito em nossas Constituições e em nossos regulamentos, que atualmente estão em seu poder para revê-los e modificá--los, se for o caso, conforme a vontade de Vossa Excelência Reverendíssima.[1]

A respeito dos ornamentos e objetos sagrados, eram providenciados pelos benfeitores com generosidade. Para todo o

---

[1] Carta de Irmão Gabriel Taborin a Padre Robert, 18 de agosto de 1837.

resto, o Fundador, com uma carta do bispo, no início de agosto de 1837 partiu para uma nova arrecadação.

Irmão Taborin tinha adquirido a casa de Belmont graças a seu pequeno patrimônio e graças às arrecadações que continuava a fazer nos povoados, embora tivesse muitas dificuldades e proibições por parte das autoridades civis, às vezes instigadas pelas próprias autoridades eclesiásticas.

A comunidade era verdadeiramente pobre, também porque os postulantes eram de origem humilde e poucos eram os pensionistas em condições de contribuir, enquanto o respaldo econômico dos órfãos era por conta do bispo; por sorte chegaram pensionistas em condições de pagar a mensalidades e, no dia 2 de outubro de 1836, Irmão Gabriel decidiu escrever o seguinte Testamento:

> Eu, abaixo-assinado, Irmão Gabriel Taborin, decano dos Irmãos ditos da Sagrada Família, estabelecidos a Belmont, cantão de Virieux-le-Grand, circunscrição e diocese de Belley, departamento do Ain: querendo procurar a glória de Deus e a salvação das almas, dou por este fim e com prazer, de modo irrevogável, à congregação dos ditos Irmãos da Sagrada Família todos os objetos aqui designados:
> 1º Uma casa na qual habito em Belmont, e onde se encontra o noviciado dos ditos irmãos; 2º Todo o imóvel situado perto da casa designada, tudo situado em Belmont, como o tenho adquirido com ato registrado em Belley em 18 de fevereiro de 1833; 3º Doo também todos os móveis que tenho na dita casa, e tudo conforme as cláusulas e as condições seguintes, isto é:
> 1º Reservo-me em vida o uso e a posse dos três objetos doados e designados.
> 2º A Congregação da Sagrada Família poderá usufruir da presente doação somente se legalmente autorizada pelo rei durante a minha vida.

3º Se a Congregação designada não for autorizada e não puder na minha morte receber a doação que eu faço hoje, quero e desejo que o bispo de Belley, que conhece as minhas intenções de bem, e que as cumprirá sem dúvida, usufrua pessoalmente da presente doação, somente depois de minha morte, e no caso de a supracitada Congregação não puder aceitar os objetos designados.
4º Se minha mãe sobreviver ainda, a Congregação designada, ou o bispo de Belley, se for ele que usufruir da presente doação, deverão corresponder cada ano a minha mãe, durante sua vida, a soma de setenta francos.

Em suma, Irmão Gabriel pensou em proteger a casa de Belmont, que tanto amava, contra possíveis pretensões dos parentes, doando-a para a congregação ou ao bispo de Belley, os dois tendo a obrigação de sustentar economicamente sua mãe, até sua morte. Mas não foi necessário, pois foi ele que cuidou dela até o verão de 1837, quando ela faleceu. Quando saiu da casa de Belleydoux, onde tinha ido visitá-la, foi acometido de um tremor em todo o corpo ao pensar que nunca mais a veria, então voltou para abraçá-la novamente. Ela morreu pouco depois.

No dia 24 de maio de 1838, dia da Ascensão, os adolescentes da paróquia e do pensionato receberam a Comunhão e, naquela ocasião, Irmão Gabriel mandou abençoar um sino de 75 kg, sino este que foi transferido depois para Belley até 1903, para depois achar moradia em Villa Brea de Chieri, no Piemonte.

Depois de 15 longos e penosos anos de espera, Irmão Gabriel pôde confiar na maturação de sua semeadura e, então, ele se manifesta, como demonstra a magnífica carta de 12 de outubro de 1836 que escreveu de Belmont ao bispo, tão rica e tão intensa que será posteriormente utilizada como introdução ao manuscrito das Constituições dos Irmãos da Sagrada Família. A clareza domina a sua escrita autobiográfica, de onde emergem todas as conotações de suas múltiplas dificuldades, travessias e sofrimentos, criados por personalidades religiosas e civis. Por fim, caíram os temores e as diplomacias. É claro que, depois de tantos percalços, Irmão Gabriel tem a certeza de que a obra de sua aspiração não é iniciativa dele, mas vontade de Deus:

> Excelência Reverendíssima, as várias provações que tive de suportar durante aproximadamente quinze anos pela obra que tem como finalidade associar aos párocos instrutores piedosos e catequistas zelosos, teriam me desanimado, como também minha pouca instrução e meus escassos talentos, se eu não tivesse sido grandemente fortificado no meu projeto por aquele que se serve às vezes dos fracos e dos simples como instrumentos para demonstrar aos homens que ele é onipotente e que pode cumprir obras admiráveis e fazê-las prosperar contra toda esperança, mesmo no meio das contradições, e no momento em que parecem estar desaparecendo. Junto com o projeto de enviar à religião e à sociedade homens como os que tenho anteriormente descrito, tenho também tido o de completar a obra, querendo que alguns dos nossos irmãos possam ainda dedicar-se a boas obras de toda espécie.
>
> Vários entre os meus diretores espirituais, tão doutos como piedosos, aos quais comuniquei a boa obra para a qual me sentia chamado a trabalhar desde a primeira juventude, têm-me sempre fortemente encorajado, exortando-me a executar este projeto sem trégua, com a certeza que vem de Deus: fazendo-me a obrigação de não seguir outras vocações. Suas decisões sempre me serviram de regra e de estímulo. Os mesmos homens de Deus, que tive a honra de fazer conhecer a Vossa Excelência Reverendíssima na minha carta de 15 de novembro

de 1835,[2] tinham-me também predito as várias adversidades que a malícia dos homens e o furor do demônio poderiam suscitar, para frear o sucesso de meu empreendimento, que eu recomendo às pessoas piedosas e que o conhecem, pedindo a Deus que as culpas e os pecados por mim cometidos, enquanto trabalho na sua execução, não ponham obstáculos aos desígnios de sua vontade e misericórdia. Por causa de minhas humildes origens e porque simples leigo; sem meios pecuniários e sem proteção, tinha medo que meu empreendimento fosse temerário; que não pudesse de modo algum inspirar confiança, nem ser conduzido a bom fim por mim: que era seguramente preciso que tivesse alguém bem mais iluminado e inclinado para o caminho do bem, para pôr a mão numa obra tão importante. Mas encontrá-lo não era simples: era preciso pedi-lo a Deus, é o que eu fiz tantas vezes sem poder obtê-lo, sendo assim reduzido a sustentar e a levar sozinho o peso de semelhante empreendimento.

Deus sabe também quais os sentimentos e quais as intenções de homens influentes, tanto eclesiásticos como leigos, que tentaram, há pouco tempo, prejudicar-me e criar-me má reputação, em muitas ocasiões, diante dos que poderiam ter-me protegido ou ter sido de alguma utilidade. Perdoo-os de coração, mesmo sabendo com certeza que as acusações deles sem fundamento foram em alguns casos ouvidas por Vossa Excelência Reverendíssima, que logicamente e sem nada esconder, achou-se na obrigação de me submeter a novas provações, examinando seriamente, com sua habitual prudência sábia e equânime, se meu empreendimento era guiado por sábia intenção, se era obra de Deus.

De minha parte também fiz um sério exame, pelo temor que meu projeto fosse inspirado pelo pai da mentira, que, transformando-se em anjo de luz, poderia ter-me levado a sair de

---

[2] Trata-se da carta relatada no capítulo 6.

minha esfera, perdendo-me assim com o orgulho pelo qual se perdeu ele mesmo no paraíso.

Essas provações eram grandes, mas eu vos declaro, Excelência Reverendíssima, com toda a sinceridade de minha alma, que nunca experimentei alegria maior, interiormente, como naqueles momentos. Elas não me alarmavam, porque eu punha em Deus minha confiança, sabendo que ele teria conduzido a bom fim sua obra, desde que fosse dele verdadeiramente; e para retomar coragem, acabava dizendo a mim mesmo: "Vejamos: minha tentativa corresponde à vontade de Deus ou não? Se corresponder a sua vontade, Deus é onipotente, e não carece dos meios para conduzi-la ao sucesso; se, ao contrário não, é conforme seu beneplácito, eu renuncio a partir deste momento". Mas é preciso dizê-lo: no meio de todas estas reflexões, a voz da vocação fazia-se ouvir em mim. E sentia-me impelido mais do que nunca a trabalhar para consagrar minhas aflições e minhas vigílias, em satisfação dos pecados dos quais poderia ser culpado no curso de minha vida; para procurar a glória de Deus e a salvação das almas, bem decidido a suportar com a máxima resignação todas as novas adversidades, as provações e humilhações pedidas para cumprir o que o Senhor parecia exigir do mais fraco e indigno de seus servos.

O tempo estabelecido pela Providência parecia ter chegado: com a benevolente ajuda do senhor de Lauzière comprei, em 1829, uma casa em Belmont. É ali, Excelência Reverendíssima, que sob o vosso válido patrocínio, coloquei os primeiros alicerces da casa que deverá tornar-se uma sementeira de homens inteiramente consagrados às citadas funções, e que serão reconhecidos pelo nome de Irmãos da Sagrada Família.

Estabeleci primeiramente nesta casa um pensionato de jovens; foi assim que eu pensei deveria começar. Vários pensionistas não quiseram mais me deixar e, com o consentimento de seus pais, quiseram compartilhar meus sentimentos e consagrar-se, imitando-me, ao estado religioso. Quando o número pareceu aumentar, apressei-me a comunicar isso a Vossa Excelência Reverendíssima que, com o zelo habitual, aprovou e encorajou esta obra do melhor jeito. Assim, fortalecido por aquele a quem sempre respeitei, e por justo título, as mínimas vontades, e que sem seu conselho nunca teria começado nada que dissesse respeito à fundação dos Irmãos da Sagrada Família, não hesitei em acreditar que Deus queria esta obra, e prossegui corajosamente sob vossa guia, considerando-vos, Excelência Reverendíssima, como o fundador desta obra, que completa todas as obras deste gênero, que vossa piedade impeliu-vos a introduzir na vossa diocese, desde quando tivemos a sorte de viver sob vossa guia. [...]

Não podíamos viver sem Constituições e sem Regulamentos. Numerosas paróquias pediram irmãos de nosso instituto para a próxima festa dos santos. Os párocos querem conhecer nossas Constituições e Regulamentos para poder orientar-se a respeito da direção dos Irmãos que lhes enviaremos. Foi depois de ter consultado Vossa Excelência Reverendíssima, para trabalhar nas ditas Constituições e Regulamentos, e depois da promessa que Vossa Excelência Reverendíssima me fez de autorizá-las, que logo me dediquei a começar esse trabalho, após ter-me disposto de modo particular com a meditação e a oração, e com a novena que fizemos solenemente em casa, para não mandar nem estabelecer nada que não fosse conforme Deus; e posso dar-me este testemunho, de ter agido em tudo como se viesse a morrer logo depois de tê-las levada ao fim. Por isso, meu propósito, ao fundar os Irmãos da Sagrada Família, nunca foi de fazer-me um nome, ou de fazer valer minha pessoa ou minha obra. Estou bem convencido de ser um servo inútil. Ao compor nossas Constituições e Regulamentos, quis antes de tudo fazer conhecer a Vossa Excelência Reverendíssima as Regras sob as quais espero viver e morrer, e que compilei com a maior boa intenção, por todos aqueles que vieram e que virão a associar-se às minhas penosas, mas honradas ocupações.

Talvez, Excelência Reverendíssima, tivesse sido temeridade de minha parte empenhar-me em dar Regras aos que se propõem seguir os conselhos evangélicos. É verdade que, para compilar Regras deste gênero, precisaria ter a gravidade de um ancião, as luzes dos mais prudentes e a prudência dos mais sábios. O que me dá segurança é ter obedecido escrevendo-as, e ter feito, eu creio, aquilo que o Espírito Santo ditou-me a esse respeito, pois nunca tenho ouvido nem lido outras Constituições, nem tenho imitado o estilo de outros: tudo é de minha lavra. Antes de tudo, quis trabalhar para mim, e espero que, se houver alguma imperfeição nas minhas Constituições, uma pena muito mais hábil do que a minha saberá libertar-me dos erros que posso ter cometido, por inadvertência ou ignorância.

Sim, Excelência Reverendíssima, corrija, peço-vos, minhas inexatidões nas Constituições que tenho a honra de vos apresentar e o prazer de submeter a vossa aprovação; aceite, suplico-lhe, de ser o geral da nossa congregação, como está escrito nas nossas Constituições, porque vós fostes o fundador dela. Em compensação, ouso esperar, o céu vos recompensará e acrescentareis um novo título a nossa viva e sincera gratidão; e encontrareis em nós filhos que não terão outra vontade, que não a vossa.

É nesta esperança que nos colocamos aos vossos pés, rogando-vos de nos abençoar...

Uma carta comovente e ao mesmo tempo muito séria e precisa, que conseguiu tocar o coração de Dom Devie, que fez imprimir, por suas custas, Constituições e Regras no final de 1838. E, finalmente, Irmão Gabriel Taborin, confirmado oficialmente superior da congregação, com onze Irmãos, pôde emitir os votos no dia 3 de novembro de 1838 na pequena capela de Belmont. Ele pronunciou os votos perpétuos, enquanto os outros Irmãos, admitidos à profissão, fizeram somente votos temporários pela duração de três anos, podendo ser renovados anualmente pelo mesmo período.

Antes da aprovação das Regras, no dia 15 de agosto de 1838, Dom Devie quis encontrar o Irmão Gabriel para comunicar-lhe que ele teria continuado a proteger a nova congregação religiosa somente na condição de que Taborin permanecesse como guia dela por toda a vida. O fundador, por obediência, aceitou e emitiu um voto no verdadeiro sentido e foi pronunciado durante a celebração eucarística, presidida pelo mesmo bispo, que, todavia, tinha o título honorífico de primeiro superior do novo instituto. O primeiro biógrafo afirma: "Terei talvez ouvido cem vezes Irmão Gabriel expressar, quer para mim, quer para outros, seu desejo de se demitir do cargo de superior, acrescentando, no entanto, que estava ligado por este voto.[3]

Finalmente as Regras foram aprovadas. A riqueza delas pode ser sintetizada de maneira emblemática com as palavras que Irmão Gabriel escreveu na carta colocada no início do volume *Guia dos Irmãos da Sagrada Família*, no qual estão contidas Constituições e Regras:

> Em verdade, nossa profissão não tem nada de atraente conforme o mundo, nem sob o aspecto do interesse pessoal: nenhuma fortuna a esperar, nenhuma fama a adquirir, passar a vida num trabalho monótono, tendo como única recompensa a crítica e a ingratidão; ser constantemente sujeito à obediência; não possuir nada de próprio; estar morto a seus gostos e à própria vontade; viver no mundo sem tomar parte nenhuma de

---

[3] F. Bouvet, op. cit., p. 133.

seus prazeres, sacrificando a liberdade, a juventude, os talentos, a saúde e a própria vida para o bem do próximo. Enfim, esgotar-se em sacrifícios tão somente percebidos pelos que deles tiram proveito, e trabalhar pelas pessoas sem esperar uma recompensa na vida presente. Mas, meus caros Irmãos, nós aspiramos ao bem mais precioso: nós procuramos a glória de Deus, a salvação das almas e nossa santificação, odiando o pecado e fazendo-o odiar, amando a Deus e fazendo-o amar, em qualquer lugar aonde os nossos superiores desejem enviar-nos. Mas, com isso, obteremos o tesouro inestimável da felicidade eterna. Coragem então, meus caríssimos Irmãos: se nos parece um pouco custoso viver como bons Irmãos da Sagrada Família, será muito consolador morrer como predestinados!

Com o texto anterior entramos no coração da espiritualidade de Irmão Gabriel. Para ele, o ponto essencial consiste na construção da comunidade olhando para a Sagrada Família e tomando como suprema referência a Santíssima Trindade.

Irmão Gabriel descreveu com uma linguagem simples e concreta o vínculo entre a Divina Trindade e a Sagrada Família, como ponto essencial da espiritualidade de seu instituto, nestes termos nas Constituições escritas a mão em 1836:

> A Sociedade dos Irmãos da Sagrada Família foi fundada para honrar a Santíssima Trindade. Para os associados, essa festa será a segunda por importância e rezarão todos os dias com respeito três vezes o Glória: de manhã, ao meio-dia e à noite... A Sociedade da Sagrada Família foi também fundada para honrar as virtudes de Jesus, Maria e José e para merecer sua proteção durante a vida e na hora da morte. Essa sociedade levará unicamente o nome de Congregação dos Irmãos da Sagrada Família, e em nenhum caso poderá unir-se nem ser associada a qualquer outra congregação ou ordem. Os

associados celebram anualmente a festa da Sagrada Família na quinta-feira antes da oitava da Natividade da Virgem Maria. Será a primeira e principal festa na casa mais importante da sociedade e nas outras casas autorizadas para terem capela... (Constituições de 1836, arts. 1 e 2).

O primeiro artigo dos Estatutos (1839) da Sagrada Família evidencia o objetivo:

> A pequena associação dos irmãos da instrução cristã, conhecida sob o nome de Irmãos da Sagrada Família, tem por objetivo todo tipo de boas obras; mas o objeto principal é de ajudar os párocos do campo e da cidade, na qualidade de mestres das escolas paroquiais, catequistas, clérigos, cantores e sacristãos.

No número 114 dos Regulamentos, Irmão Gabriel evidencia toda sua altíssima consideração para com o sacerdote, visto como verdadeiro *alter Christus*:

> Honrareis com todas as atenções o pároco do lugar por suas qualidades de sacerdote e de pastor; não esquecereis, de jeito nenhum, que sois uma ovelha de seu rebanho, e mesmo revestindo o hábito clerical, nunca deveis considerar-vos iguais a ele, sendo grandemente inferiores a ele em razão de seu caráter e de seus talentos. O mesmo seja dito a respeito de seu vice-pároco e de outros eclesiásticos. Tereis para o vosso pároco a máxima deferência, escutando com docilidade e submissão todos os conselhos que sabereis estar conformes à Regra sob a qual devereis viver.

E depois, com grande sensibilidade, manifestando toda deferência a respeito de quem no altar cumpre o sacrifício do Filho de Deus, ele afirma no número 117:

Não criticareis nunca, entre coirmãos, e com qualquer outra pessoa, a conduta do vosso pároco ou a conduta de outros eclesiásticos. Mesmo quando vos parecesse repreensível, vós o defendereis com muita caridade, mas, no caso de não poder fazê-lo, limitar-vos-eis a ficar em silêncio.

No segundo artigo dos Estatutos se aponta a organização:

> Os irmãos podem exercer suas funções em qualquer povoado, conformando-se às leis civis e eclesiásticas da diocese e do Estado que os acolher. Se trabalharem sozinhos nas paróquias, é desejável que habitem na casa paroquial, ou que sua casa não seja muito distante dela ou da casa de outros irmãos, a fim de poder visitarem-se uma vez por semana.

Belíssimo o lembrete que faz aos superiores do instituto no número 103 do regulamento:

> Lembrai-vos de que no terrível juízo de Deus será feito o exame de duas coisas: isto é, de vossa doutrina e da obediência dos vossos alunos; e saibam que será atribuída como culpa ao pastor a falta de aproveitamento que o pai de família encontrará em suas ovelhas; somente podereis ser desculpados, se, como o bom pastor, tiveres empenhado em governar bem toda a diligência possível.

O irmão é chamado a ser instrutor, rol principal em qualquer contexto social, enquanto o mestre é o portador das ideias, é o formador das pessoas, é o construtor das mentes, é o modelo dos corações. Os Irmãos da Sagrada Família encarnam o rol do educador seguindo o desígnio de Cristo, o Mestre dos mestres. Irmão Gabriel queria isto: levar a verdade entre os alunos e as famílias num contexto de pobreza cultural e econômica.

A prudência era um grande dote de Irmão Gabriel, que sugeria soluções muito práticas aos coirmãos e que depois produziam os resultados esperados, como está posto em evidência no número 126 dos Regulamentos:

> A respeito das pessoas estranhas, sejais afáveis e sem altivez, mas não vos ligais em familiaridade com ninguém, menos ainda com os vizinhos. Não recebais nenhuma visita no vosso quarto particular, especialmente a de mulheres com as quais nunca deveis falar individualmente, a não ser quando se tratar da vossa mãe ou de vossa irmã. Sejais o amigo dos pobres, o consolador dos aflitos e dos doentes, sempre que for possível.

A condescendência e o relaxamento não eram contemplados no método de Taborin, enquanto a disciplina e a seriedade ocupavam um espaço privilegiado e nada disso prejudicava a pessoa, antes se sentia tutelada, protegida, serena e tranquila, porque, Irmão Gabriel bem o sabia, a verdadeira liberdade está sempre no fundo da regra.

8
Irmã pobreza

A casa de Belmont tornava-se cada vez menor, enquanto os recursos continuavam sendo sempre muito escassos, mas o Irmão Gabriel decidiu não pedir nada emprestado, para não comprometer a congregação nem deixar dívidas.

Os irmãos viviam como a Sagrada Família de Nazaré: pobreza, oração, amor, paz. Dormiam em colchões de palha, e na mesa frequentemente faltava também o indispensável.

O bispo, sabendo da necessidade de espaço em que se encontravam, enviou em 1839 o Padre Guigard, um sacerdote experiente em questões de construção; mas nada teve efeito e todos os projetos caíram no vazio. Aquele ano foi particularmente triste para a comunidade de Belmont, também porque alguns Irmãos tinham saído da congregação e más línguas tinham caluniado Irmão Gabriel frente ao bispo afirmando que ele gastava demais em comida e falava mal do pastor da diocese.

Apesar dos problemas e entraves, naquele ano de 1840, chegaram à casa de Belmont 25 noviços com idade superior a 20 anos. Agora, verdadeiramente, a moradia dos Irmãos da Sagrada Família não era mais suficiente.

O bispo, que tinha feito sua visita, deu-se conta pessoalmente dessa situação. Não o apoiou na ideia de ampliar o edifício, mas propôs a transferência da comunidade para Belley, onde se encontrava a Sé episcopal.

Do ponto de vista sentimental, a ideia desgostou Irmão Gabriel, mas ele compreendeu que as vantagens de uma vizinhança residencial com o bispo seriam decididamente superiores à presente situação topográfica do Instituto da Sagrada Família.

Em fevereiro de 1839, o fundador interessou-se pelo antigo convento das Irmãs de Santa Maria da Visitação de Belley. As religiosas tinham sido expulsas pela Revolução Francesa, enquanto o convento passou a ser propriedade da cidade.

O bispo autorizou Irmão Gabriel a vender a casa de Belmont. Assim, em 1º de abril de 1839 ele escreveu a Dom Devie nestes termos:

> Excelência Reverendíssima, tendo recebido vossa palavra para a transferência do nosso noviciado para Belley e para a aquisição da Casa Santa Maria, tive que considerar nossa mudança comunitária como segura e próxima. Estas condições me encheram de alegria como também a minha comunidade. Todavia, não estava sem preocupações, quando pensava que a casa de Belmont continuaria a nosso encargo de qualquer modo, e com receio de dificilmente poder vendê-la, mas bem no meio de uma novena que começamos, a Providência, sempre tão solícita conosco, quis vir em nosso auxílio e escutar-nos.
>
> Para nossa grande satisfação apresentou-se um advogado de Belley, o Senhor Garin, que, depois de longas discussões sobre o preço e as condições, comprou a casa "de cima" e a "de baixo" pelo preço de 10.000 francos. Esperava vendê-la um pouco melhor, mas De Lauzière, o pároco de Belmont, nosso digno e zelante capelão, e toda a comunidade, que quis consultar antes de concluir o negócio, todos me exortaram vivamente a aceitar essa oferta, tendo em vista nossa necessidade, o incômodo que nos causariam estas duas casas ao irmos para Belley, que o dinheiro desta venda ajudaria muito na aquisição da casa de

Belley, e, sobretudo, o quanto seria raro e difícil encontrar outro comprador para quem nossa propriedade pudesse ser conveniente e que estivesse disposto a pagar-nos seu preço. Ainda mais, eu fiz essa venda seguindo o conselho de Vossa Excelência Reverendíssima, e confesso que no momento de assinar esse documento tive que fazer um esforço e recomendar-me a Deus para superar a pena que experimentava na decisão de deixar povoado, a casa onde morei durante dez anos e meio, e que foi o berço de nossa sociedade. Mas estou muito satisfeito de ter feito este sacrifício; espero que Deus o tenha em conta e o transforme no maior bem de nosso instituto.

Espero, também, que Vossa Excelência Reverendíssima esteja satisfeita por minha determinação. Envio, anexa, Excelência Reverendíssima, uma cópia da venda feita para que possa conhecer todas as condições.

As tratativas que intercorreram no fim de julho de 1840 com a prefeitura de Belley, para o aluguel e depois a aquisição do ex-convento, não levaram a nenhum resultado. Foi então que o bispo, aflito ao ver a não premiada intenção de Irmão Taborin, disse: "Afinal, não se pode deixar assim esse irmão, numa semelhante posição: tem muita boa vontade".[1] Então interveio pessoalmente, oferecendo um pequeno refúgio na pequena casa utilizada como armazém no recinto do episcopado. No entanto, as calúnias das más línguas a respeito de Irmão Gabriel prosseguiam seu venenoso percurso: a inveja era o combustível ativo dos que vexavam o fundador declarando-se contra, por exemplo, o seu hábito religioso. Escreveu na carta de 26 de agosto de 1840, dirigida ao bispo:

---

[1] F. Bouvet, op. cit., p. 152.

> A respeito do nosso hábito, que é objeto de tantas recriminações, unicamente de parte do vosso clero, o senhor pode tranquilizá-lo, dizendo que faremos as modificações que Vossa Excelência Reverendíssima acreditar oportunas: penso, porém, que não seja conveniente apressar-se nesse ponto, e por vários motivos. Em qualquer caso, Vossa Excelência Reverendíssima encontrará sempre em nós filhos dóceis e submissos que respeitarão até a mínima de suas vontades.[2]

E o hábito não teve modificações; um hábito que tinha sua precisa razão de ser, a batina que os irmãos vestiam servia para que todos pudessem reconhecer a sacralidade de seu ofício:

> Parece-me que esse hábito convém à nossa sociedade, porque todos os seus membros são destinados ao serviço da Igreja, como clérigos, e serão, como os padres, todos consagrados a Deus com votos. Sua Excelência Reverendíssima, o bispo de Saint-Claude, me disse que isso era o mais conveniente.[3]

O hábito, para o Irmão Gabriel, era importante: era o uniforme que distinguia os que pertencem às fileiras de Deus, e todos deviam reconhecer, exteriormente, seu estado. O empenho e a seriedade, de acordo com Irmão Gabriel, começam pelo modo de se apresentar aos outros.

O protagonista narra, no desenvolvimento de uma crônica de suas *Memórias*, que vai além dos fatos, tornando evidente, no fundo, a determinação de um homem que pagou por tudo com sacrifícios, privações e desprezo, a fim de poder ver realizado o plano de Deus:

---

[2] Ibid., p. 153.
[3] Id.

A casa de noviciado de Belmont era totalmente insuficiente para hospedar os postulantes que se apresentavam. Então, acreditei que fosse vantagem transferir o noviciado para Belley e informei sobre esse projeto ao senhor bispo, que aprovou com entusiasmo a ideia. Para fazer isso, porém, era necessário vender a casa de Belmont e encontrar outra bastante espaçosa em Belley. Na hora a coisa parecia muito difícil. Tentei comprar o antigo convento das Irmãs de Santa Maria, de propriedade do hospital de Belley. O Senhor Sybuet, prefeito da cidade, foi quem assinou o contrato privado de compra e venda. Confiando nesse ato, vendi a casa de Belmont e nos despedimos do povoado onde eu vivi onze anos. Todos lamentaram nossa saída.

Chegamos a Belley no dia 7 de setembro de 1840. Eu estava disposto a fixar para sempre a sede de nossa sociedade nessa cidade, pondo-a sob o olhar da autoridade episcopal. Porém, tive que constatar amargamente que uma mão inimiga tinha anulado o ato de compra e venda, que assegurava a aquisição do antigo convento, do qual falamos anteriormente. Assim, encontramo-nos sem teto, cinquenta homens entre irmãos e noviços. Nossa casa de Belmont já tinha sido vendida. O que fazer?

Naquelas tristes circunstâncias nos assemelhávamos aos nossos santos padroeiros, Maria e José, quando chegaram a Belém. Todos pareciam rejeitar-nos e não havia casa para comprar ou alugar. Somente o santo bispo teve compaixão de nossa triste situação. Se tivesse escutado seu coração de pai, ter-nos-ia hospedado no palácio episcopal, mas encontrou alguns empecilhos. Teve então uma ideia. No parque havia uma construção que servia de pombal, e ele a cedeu para nós. A construção era composta de duas salas, um sótão e um porão; ficamos morando lá em 46 pessoas, durante um mês. Fizemos a adaptação como dormitório, refeitório, cozinha, capela etc.

Vendo-nos nessa situação deplorável, nossos inimigos riam de nós e esperavam a nossa derrota de uma hora para outra. Não podiam, nem queriam, imaginar que nos teríamos localizado a pouca distância e que a Divina Providência nos reservava os lugares melhores e uma das mais bonitas casas da cidade episcopal. O Padre Dépery, que era também cônego e vigário-geral de Belley, e hoje bispo de Gap e que sempre deu provas de interesse pelas congregações religiosas, deu-se conta do nosso problema e ajudou-nos a procurar uma solução. Acabamos comprando a casa do Senhor Maret, que no passado fazia parte dos edifícios da Prefeitura de Belley. Muito nos alegrou essa compra porque nos trazia a esperança de poder também adquirir em seguida os outros edifícios da antiga Prefeitura e também o terreno cercado anexo. E assim aconteceu.

O bispo nos fez a doação de uma casa contígua àquela que tínhamos recém-comprado. Pouco depois, com um grande desembolso, adquirimos a casa e o jardim de propriedade do advogado Tandret. Um e outro estavam ao lado dos edifícios que já possuíamos e eram situados perto da fachada sul da catedral e do episcopado. Todos esses edifícios estavam em estado deplorável e foi preciso reconstruí-los. Essas aquisições e as reestruturações, como também a compra dos móveis, custaram somas bem elevadas, tendo em consideração que tínhamos saído sem nada.

É mesmo o caso de dizer que Deus dá os seus bens aos que prometem dedicar-se completamente a ele.

De 1840 até a morte acontecida em 1864, Irmão Gabriel viveu em Belley. De lá viajou duas vezes para Roma (1841 e 1850), várias vezes a Turim e a Paris, uma vez a Paris-sur-Sèvres, visitando constantemente todos os lugares onde foram abertas casas dos Irmãos.

Tinham saído de Belmont nos dias 5-6 de setembro de 1840, a pé alcançaram uma moradia muito pequena: 47 pessoas tiveram que se virar como foi possível durante um mês. Os locais eram assim divididos: no térreo a cozinha e o refeitório; o primeiro andar servia de sala de reuniões e capela, enquanto um segundo quarto era separado por uma divisória postiça para acolher o superior e o capelão. Enfim, o sótão, onde eram colocadas algumas camas e muita palha, servia de dormitório. Também o frio foi suportado por todo o mês, de 7 de setembro a 6 de outubro, sem uma queixa.

> Nosso bom superior teve então sob seus olhos um espetáculo consolador e bem capaz de adoçar a amargura de sua situação: quero dizer, a perfeita resignação e a constância inquebrantável de todos os seus filhos. Os que dentre nós estiveram lá relembram com edificação: nem um irmão ou noviço se permitiu proferir a mínima queixa, ou a mais leve murmuração, ou uma palavra de desânimo no meio daquele mal-estar geral, diante do extremo desconforto que se experimentava de dia e de noite.[4]

Inimigo das dívidas, a certa altura foi obrigado a dobrar a cabeça e resignar-se, visto que as havia feito, adquirindo a casa Maret de Belley por 11.000 francos e fazendo os trabalhos de adaptação da moradia, que acabaram custando mais do que tinha recebido na venda da casa de Belmont.

A pobreza tornou-se quase que a palavra de ordem na comunidade dos Irmãos da Sagrada Família. Tudo era pobre, desde a alimentação às roupas, aos móveis da casa... Narra a testemunha irmão Frederico Bouvet:

---

[4] Ibid., p. 156.

As casas adquiridas em Belley formavam um abrigo insuficiente para as 30 pessoas que formavam a comunidade.[5] A sala mais ampla tornou-se a capela. Os dois jardins perto das casas foram unidos e transformados em pátio para recreio, mas ofereciam um espaço bem exíguo para o pessoal. O jardim de Belmont era grande e relativamente espaçoso o recinto. Havia legumes e frutas. Belley, ao contrário, não oferecia essas vantagens. Era necessário limitar-se a uma alimentação muito frugal; somente no domingo e na quinta-feira servia-se uma pequena porção de carne. Acontecia frequentemente que faltasse dinheiro e, então, as refeições da pequena comunidade sofriam as consequências, mas ninguém reparava.

Bastante significativa a expressão: "ninguém reparava". Mas como é que faltava o alimento e "ninguém reparava"? É algo que está dentro da lógica de Deus, porque "Está escrito: não só de pão viverá o homem, mas de cada palavra que sai da boca de Deus" (Mt 4,4), e quando a pessoa pensa no "vertical", o horizontal não é mais essencial e a Providência, como é natural, irrompe na vida de quem existe não para a própria glória, mas para a glória de Deus. Por isso, os Irmãos de Belley, confiantes no Senhor, onde a razão casa com o amor, e o mistério torna-se verdade desvelada, punham em prática as palavras evangélicas:

> Por isso eu vos digo: não vos preocupeis com vossa vida, do que comereis; nem por vosso corpo, como vestir. A vida vale mais que a comida e o corpo mais que o hábito. Olhai as aves: não semeiam nem colhem, não possuem celeiros ou armazéns, e, no entanto, Deus as alimenta. Vocês valem muito mais que as aves. Quem de vocês pode acrescentar uma hora à sua vida a custa de se preocupar com isto. Portanto, se vocês não

---

[5] Ibid., p. 160.

podem nem sequer fazer a menor coisa, por que se inquietam com o resto? Olhai como os lírios crescem, eles não fiam nem tecem: porém eu vos digo que nem o rei Salomão, em toda a sua glória, jamais se vestiu como um deles. Se Deus veste assim a erva do campo que hoje existe e amanhã é queimada no forno, quanto mais ele fará com vocês, gente de pouca fé. Quanto a vocês, não fiquem procurando o que vão comer, o que vão beber, não fiquem inquietos: porque são as pessoas deste mundo que se preocupam destas coisas; mas o vosso Pai bem sabe que vocês têm necessidade destas coisas. Portanto, busquem o Reino de Deus e todas essas coisas vos serão dadas por acréscimo (Lc 12,22-31).

"O acréscimo" chegava também da previdente Joana, a fiel e querida doméstica da família Taborin, que sempre seguiu Irmão Gabriel. Certo dia, surpreenderam-na em prantos, perguntaram-lhe o motivo pelo qual chorava e ela mostrou as poucas moedas recebidas do superior para preparar o almoço para trinta pessoas. E preparou-o mesmo assim, contribuindo com seu dinheiro, como havia feito muitas outras vezes; mas nem sempre se conseguia saber de sua ajuda. Foi também providencial o encontro de Joana, no mercado, com uma Irmã marista, que compreendeu a grande miséria que imperava na Congregação dos Irmãos da Sagrada Família, e decidiu falar disso com a superiora de sua comunidade; desde então as Irmãs maristas começaram a ajudar os irmãos, convidando, entre outras ações, Irmão Gabriel a recolher verduras na horta delas. Taborin repetia: "Devemos agradecer muito a essas boas irmãs por todo o bem que elas nos fizeram".[6]

---

[6] Ibid., p. 161.

9
Em Roma, visitando o Papa Gregório XVI

Irmão Gabriel agora desejava obter a aprovação da Santa Sé para sua congregação religiosa. Foi assim estabelecido, de acordo com o bispo, que ele teria formulado uma súplica ao Sumo Pontífice, apoiado pelo próprio Dom Devie e pelo arcebispo de Chambéry, o qual afirmou que a aprovação pontifícia abriria o caminho para a aprovação do Reino de Sardenha, necessária para a isenção dos Irmãos da Sagrada Família do serviço militar. E ainda o bispo sugeriu a Irmão Gabriel que fosse pessoalmente a Roma para apresentar diretamente as constituições e dar todas as explicações a respeito.

Na súplica que escreveu ao Papa Gregório XVI[1] para obter a aprovação do Instituto, é evidente seu imenso amor pela Igreja, que ele quis servir desde a mais tenra idade, e que serviu até o último dia de sua vida. A esposa de Cristo sempre obteve sua atenção mais viva e ardente: desde o cuidado para a celebração eucarística, a ornamentação dos altares com velas e flores, o estudo da beleza dos cantos e das melodias do coral. Preciosa e indispensável era a ajuda de Irmão Gabriel e de seus filhos aos párocos que sempre encontraram neles colaboradores muito válidos e eficientes. Extraordinária a contribuição pedagógica e

---

[1] Pontífice de 1831 a 1846.

instrutiva aos pequenos, numa idade na qual as ideias de Voltaire tinham semeado materialismo, idolatria da deusa razão, ódio de classe, anticlericalismo feroz e desprezo pela religião. Lemos no documento, compilado em Belley no dia 14 de maio de 1841:

> Este instituto se propõe a toda classe de boas obras, especialmente a santificação dos seus membros. O objetivo principal é ajudar os párocos das campanhas e das cidades na qualidade de mestres das escolas, catequistas, cantores e sacristães.
> O instituto forma também irmãos para o serviço material dos seminários, e para qualquer outra instituição de utilidade pública.
> Os irmãos destinados ao cumprimento das funções antes mencionadas podem estabelecer-se e fazer o bem em qualquer lugar, em conformidade às leis civis e eclesiásticas das dioceses e do estado onde moram. Podem também ajudar na difusão da fé nas missões exteriores; e para este fim acompanharão os missionários e os ajudarão conforme a possibilidade.
> A dita sociedade abre asilos para crianças órfãs, nascidas de pais pobres; dá-lhes instrução cristã e ensina-lhes uma profissão, para pô-las em condição de ganhar honestamente o necessário para viver no mundo, caso não tenham a intenção de unir-se à Congregação da Sagrada Família, na qualidade de irmãos.
> As primeiras casas do Instituto dos Irmãos da Sagrada Família foram formadas na diocese de Belley (Ain), por Dom Alexandre Raimundo Devie. Nós devemos ao zelo e à eminente piedade desse digno e venerável Prelado a nossa formação para a vida religiosa; por isso, nosso Instituto, do qual ele é o primeiro superior, se compraz em viver sob sua orientação e considera-o, a justo título, como seu fundador.

A Sociedade da Sagrada Família já está difundida em paróquias, dioceses, onde os bispos se dignam acolhê-la com bondade e favor. Os bispos de Saboia e de Piemonte, em particular, que não têm instituições deste tipo, solicitam a formação de casas em suas dioceses. Já foram fundadas várias, e parecem prosperar com a aprovação e a benevolência dos Prelados. O governo sardo dá-nos esperança de que aprovará civilmente nosso Instituto, quando tivermos obtido a aprovação da Santa Sé.

Nós viemos, portanto, bem-aventurado padre, humildemente prostrados a vossos pés, para suplicar-vos que tome conhecimento dos Estatutos e dos Regulamentos de nossa sociedade, que temos a honra de vos apresentar. Estão aprovados pelo bispo de Belley e vos suplicamos de favorecer-nos, concedendo-nos a autorização e a aprovação apostólica.

O protestantismo já está progredindo na França, infelizmente, os apóstolos de Calvino multiplicam-se, e tentam arrastar em sua seita as ovelhas do vosso rebanho. Poderemos considerar-nos privilegiados, se o céu se servir de nossa sociedade para parar o mal que os nossos mal-intencionados irmãos querem fazer; e alegramo-nos no Senhor, se pudermos confirmar a verdadeira religião e desencaminhar, com nossos exemplos e nossas palavras, os que estão expostos ao perigo de perderem-se. Contando menos com nossas forças do que com a ajuda de Deus, ousamos assegurar, Santo Padre, querermos usar o mesmo zelo com os irmãos confiados aos nossos cuidados, para formar logo na piedade e na instrução a juventude da classe pobre, para formá-la a uma vida honesta, e assim torná-los bons cidadãos para o Estado, e santos para o céu.

Santidade, o bispo de Belley e o arcebispo de Chambéry dignam-se apoiar nosso humilde pedido, com uma súplica que quiseram unir.

Vossa aprovação, Santo Padre, ao mesmo tempo em que sacia nossos desejos, aumentará e dará mais força ao nosso zelo e ao nosso devotamento pela vossa pessoa; nos consolará em nossas aflições e será para nós um novo incentivo para rezar com ardor pela Santa Sé, à qual nos gloriamos de aderir com todo o ardor da alma.

No dia 17 de maio de 1841 partiu, então, para Roma junto com Monsenhor Dépéry. Parou em Avignon, visitando o Palácio dos Papas, e chegou a Marselha no dia 19, onde pediu esmolas e se propôs a voltar, porque "há muita disposição para fazer boas obras em Marselha",[2] para depois zarpar em direção a Civitavecchia três dias depois. A navegação foi difícil. Irmão Gabriel sofreu muito, sendo acometido de constante mal-estar, e temia-se um naufrágio, pois as águas estavam muito agitadas, "mas antes de embarcar tínhamos feito nossas devoções na capela de Nossa Senhora da Guarda, e Nossa Senhora não nos deixou ser comidos pelos peixes", escreveu na carta de 1º de junho ao capelão e a Irmão Maurício do noviciado de Belley. Chegaram a Roma no dia 25 de maio, a uma hora da manhã, e não encontraram nenhum lugar para pernoitar, por isso dormiram sob as estrelas.

Irmão Gabriel não estava muito à vontade em Roma: sentia-se como um estranho, primeiro porque não conhecia o idioma italiano e depois porque Roma era uma grande cidade, enquanto ele era um homem do campo, da montanha.

O amigo João Batista Rossi (1822-1894), agente da diocese de Belley e de Taborin diante da Santa Sé, o qual se tornaria célebre arqueólogo, acompanhou as visitas romanas de Irmão Gabriel, que admirava, como se pode deduzir das epístolas deixadas como testemunho dessa amizade, a exemplaridade cristã de sua família.

---

[2] F. Bouvet, op. cit., p. 170.

O que mais amava em Roma eram as Igrejas, das quais João Batista de Rossi oferecia amplas explicações: ele ficava fascinado, e seu espírito parava em êxtase diante da beleza estática e sagrada. Estando na última semana de maio, o calor era sufocante (já então, antes do famigerado buraco na camada de ozônio).

Taborin, acima de tudo, defendia-se com a oração, o escudo não espacial, mas divino, mais eficaz ainda, e depois oferecia os sacrifícios dos quais nunca se subtraiu, nem tentava desviá-los, de fato, como podemos ler na carta de 1º de junho, enviada à comunidade de Belley:

> Dom Dépéry e o abaixo-assinado somos hóspedes dos padres capuchinhos. Tomamos somente duas refeições frugais por dia, na cidade; e asseguro-vos que temos sincera saudade do vinho e da boa sopa de Belley. Aqui há piedade, mas não muita generosidade. O que mais nos incomoda é o fato de não saber o italiano; eu especialmente; e também de não conseguirmos fazer-nos entender.

Presumia poder deixar Roma em 1º de julho e pensava voltar a Belley entre os dias 10 e 12 e, ao fechar a carta, recomenda ao "caro irmão Carlos de não vos deixar morrer de fome, mesmo que o dinheiro na carteira seja bem pouco",[3] e ainda adverte como bom pai de família: "Pagai sempre a padaria, se for possível, e não deixeis as dívidas acumularem".[4]

As perspectivas de retorno para a pátria não se realizaram e teve que prolongar sua estada em Roma, a fim de poder dar as devidas explicações sobre alguns pontos das constituições,

---

[3] F. Bouvet, op. cit., p. 172.
[4] Ibid.

sobretudo sobre a duração de seu cargo de superior-geral da congregação.

Foi recebido em audiência pelo Sumo Pontífice somente no dia 18 de agosto, e Gregório XVI deu sua bênção, assegurando que o Instituto dos Irmãos da Sagrada Família receberia a aprovação pontifícia com um Breve, a ser enviado o quanto antes a Dom Devie.

Deixou Roma depois de três meses de frutuosa permanência. De muitas partes, especialmente dos párocos com quem colaborava constantemente, chegaram finalmente palavras elogiosas e abundantes congratulações.

Dizia poder e dever sempre servir os sacerdotes, mas nunca teria sido ele sacerdote, e com suma humildade considerava o estado sacerdotal muito elevado a respeito de suas próprias capacidades e características. A humildade era parte do seu DNA e se comportou sempre, diante dos pastores da alma, como aluno devoto, respeitoso e fiel, feliz em tê-los por mestres de vida e fé.

10
A estima do Rei Carlos Alberto

Ter recebido a aprovação pontifícia tornou Taborin mais sereno e tranquilo, e o entusiasmo que experimentou levou-o a agir com maior impulso, vigor e, por consequência, com maior segurança. Quase no fim de 1841, Irmão Gabriel conseguiu, de fato, abrir outras comunidades: Grenoble, Romans, Les Echelles, Saint-Joire.

Então, passou para a segunda fase: obter do soberano da Saboia, o Rei Carlos Alberto, a isenção do serviço militar para os Irmãos que ensinavam na Saboia. Afinal, a questão tornou-se muito importante para ser desconsiderada. O instituto já contava com 50 pessoas. Assim, seguindo o conselho do bispo de Chambéry, Irmão Gabriel escreveu uma primeira carta que, porém, não teve seguimento, por não ter ainda chegado o reconhecimento pontifício da congregação.

O Breve de Gregório XVI chegou no final de setembro de 1841. Nessa altura o arcebispo de Chambéry sugeriu que enviasse ao rei uma nova súplica, pedindo a autorização civil da congregação; e a seguir, após tê-la obtido, poderia pedir a isenção do serviço militar que, naquele momento, resultava mais difícil, por causa das não muito favoráveis disposições do ministro da Guerra. O arcebispo aconselhou também que levasse pessoalmente a súplica. Então Irmão Gabriel partiu em direção a Turim.

Tomou lugar na carruagem de Chambéry e, chegando a Saint-Jean-de-Morienne, quis fazer uma visita a Dom Vibert. O condutor garantiu-lhe que conseguiria fazer a visita durante o tempo da parada, sendo que, antes de prosseguir, os viajantes tinham que se alimentar. No entanto, a carruagem partiu sem ele, porque demorou no palácio do bispo muito mais que o previsto. Tendo que estar na capital subalpina na hora marcada, decidiu servir-se de uma carruagem particular. Encontrava-se entre Modane e Lanslebourg, já em noite avançada, quando um temporal violento fez virar a carruagem. Às margens da estrada havia precipícios, por isso o assistente, que se tinha esquecido de levar a lanterna, não se atreveu a levantar a carruagem. Neste momento o condutor começou a praguejar e a blasfemar. Irmão Gabriel exclamou: "Mas o que estás fazendo, insensato? Já que estamos passando por este grave perigo, não seria melhor invocar a Deus, em lugar de ofendê-lo blasfemando seu Santo Nome? Reze, então, como estou fazendo neste momento!", e o homem enraivecido disse: "E você acredita que Deus virá libertar-nos do perigo que nos ameaça?". "Certamente pode fazê-lo e o fará, se nós o invocarmos."[1]

Certamente. Esta é a fé dos santos, feita de certeza que se muda em realização, tanto nas pequenas coisas como nas grandes. Um relâmpago prolongado e luminoso permitiu observar o precipício e o caminho a percorrer para salvarem-se do perigo.

Chegando a Turim, primeiramente encontrou-se com os ministros prepostos ao seu assunto, depois, tendo recebido boas esperanças, foi admitido na presença do soberano no dia 18 de outubro. Carlos Alberto, o rei que deu amplas possibilidades de ação aos santos que operaram durante o ressurgimento,

---

[1] Ibid., p. 199.

de Cafasso a Cottolengo, de Dom Bosco aos cônjuges Barolo, do capuchinho missionário Massaia a Francisco Faá di Bruno, também não decepcionou Irmão Gabriel Taborin. "O rei, tão cristão e cheio de bondade, tão solícito para o bem de seus súditos, o acolheu com muita benevolência."[2]

Eis a súplica escrita no dia 18 de outubro de 1841 pelo pai dos Irmãos da Sagrada Família:

> Majestade; os numerosos pedidos a mim dirigidos das diferentes províncias da Saboia, por parte de alguns dos meus Irmãos, cujo objetivo é o de exercer as funções de instrutores, catequistas, cantores ou sacristãos, e a consideração do bem que podem fazer nestas províncias, me induzem a suplicar humildemente, a Vossa Majestade, que aceite os serviços do nosso instituto e que o autorize, com cartas patentes, a instruir as crianças nas escolas primárias, com a faculdade de adquirir, possuir e estabelecer uma casa em vossos Estados.
>
> Queira, Majestade, tomar em consideração meu pedido. Desse modo, Vossa Majestade poderá consolidar e perpetuar em seus Estados uma instituição completamente dedicada à formação de bons súditos e, ao mesmo tempo, satisfazer os desejos de pais e mães de família, das autoridades civis, e particularmente dos bispos da Saboia, que, conhecendo o bem que o nosso instituto poderia fazer nas dioceses que não puderam obter os Irmãos das Escolas Cristãs, foram os primeiros a pedir os nossos irmãos, especialmente Dom Billiet, arcebispo de Chambéry, e Dom Vibert, bispo de Morienne, que já apreciam o bem que os nossos irmãos fazem em suas dioceses.
>
> As cartas que esses dignos e zelosos Prelados anteriormente citados têm dirigido ao Senhor Ministro dos Negócios Exteriores, ao Senhor Marquês Costa, e a Sua Excelência

---

[2] Ibid., p. 189.

Reverendíssima, o arcebispo de Turim, manifestam o desejo que eles têm de ver acolhida por vossa Majestade meu humilde, mas insistente pedido. Anexo à presente: 1º Os Estatutos da nossa sociedade; 2º O Breve apostólico com o qual o Sumo Pontífice Gregório XVI autoriza a sociedade dos Irmãos da Sagrada Família...

O Rei Carlos Alberto acolheu a instância de Irmão Gabriel e, no dia 18 de maio de 1842, emanou as cartas patentes pedidas, depois ratificadas pelo Senado de Chambéry no dia 14 de junho. O prólogo dos sete artigos que compunham as patentes é indicativo para compreender como e de qual estima fosse constituída a consideração que o rei tinha a respeito de Irmão Gabriel:

> O zelo e a abnegação dos quais deram provas os Irmãos ditos da Sagrada Família nos diversos municípios onde foram admitidos para instruir a juventude e os bons resultados do seu ensino, baseado na doutrina de nossa santa religião, induziram-nos a acolher favoravelmente o humilde pedido a nós dirigido por Irmão Gabriel Taborin, superior-geral de dita associação, com a intenção de obter a aprovação real da Instituição dos Irmãos da Sagrada Família, que tem como objetivo procurar mestres para as escolas primárias dos municípios; por esses motivos, com as presentes, de nosso conhecimento e autoridade real.

O ano de 1842 foi uma data a ser lembrada, pois, além dos resultados obtidos, Irmão Gabriel também considerou oportuno colocar um distintivo azul no pescoço (*rabat*), seguindo o conselho de alguns sacerdotes amigos. E desse modo os Irmãos da Sagrada Família distinguiam-se melhor dos eclesiásticos. O hábito talar, o uniforme de quem renova o sacrifício de Cristo sobre o altar, não deveria ser confundido com o hábito dos Irmãos da Sagrada Família, colaboradores dos sacerdotes, servidores de Cristo, e não ministros de Cristo. O cuidado das almas tinha um valor muito alto aos seus olhos, mas isto para ele não era um peso, sendo muito humilde. Tinha, pois, uma admiração infinita pelo seu amigo, o Cura d'Ars, que da humildade fez o seu selo.

11
Uma amizade especial

Certo dia, Irmão Gabriel encontrava-se em Lyon e viu uma diligência que tinha o nome de Ars, um pequeno povoado onde se acendeu, graças à presença de um pequeno cura com fé colossal, uma brilhante luz de fé, farol para toda a França e não somente. Era Padre João Maria Vianney (1786-1859),[1] o Cura d'Ars-sur-Fromans, na proximidade de Belley, aquele que se apagou sem agonia e serenamente por esgotamento entre os braços de Irmão Jerônimo, um Irmão da Sagrada Família.

Então, Irmão Gabriel decidiu ir para lá e partiu com uma carruagem para alcançar a paróquia já muito célebre onde confessava, sem trégua, o Padre João Maria. Filho de agricultores, desde a infância tinha sido acostumado a uma vida simples, pobre, laboriosa, duríssima. Aos sete anos conduzia para pastar o burro, algumas poucas ovelhas e a única vaca da família. Mais tarde ajudou o pai nos trabalhos do campo e de noite dormia com um irmão numa cama num canto da estrebaria. Tal vida só podia robustecer um temperamento já forte por natureza, sempre pronto para o sacrifício, sedento, porém, de contemplação e interioridade. A perseguição jacobina à Igreja foi a ocasião de reforçar a vocação de Vianney ao sacerdócio. O ódio contra a religião, provocado pela Revolução, foi legalizado com a

---
[1] João Maria Vianney nasceu em Dardilly, a 8 quilômetros de Lyon, no dia 8 de maio de 1786, e era o quarto de seis filhos.

votação da Constituição Civil do Clero, em julho de 1790, e em novembro a assembleia exigiu que os sacerdotes prestassem juramento civil. Em 1793, enfim, a "lei das suspeitas" condenou à morte os sacerdotes "refratários", recompensando quem os denunciasse e castigando quem os ajudasse. A família Vianney hospedava habitualmente os sacerdotes clandestinos, mesmo com o perigo constante de serem descobertos. Aos 13 anos, João Maria assistia à celebração de missas noturnas, ouvidas às escondidas, em algumas casas isoladas. Recebeu a Primeira Eucaristia num quarto de persianas fechadas.

As dificuldades, a pobreza, a clandestinidade religiosa, os exemplos heroicos dos padres fiéis conduziram João Maria à escolha que desde pequeno tinha cultivado: "Se tiver a sorte de ser sacerdote, quero levar a Deus muitas almas".[2]

Estudou sete anos, com enorme dificuldade, e em 1809 foi chamado ao exército por Napoleão. Nas montanhas do Forez, fugiu como desertor. Voltou a estudar, mas os insucessos se somavam um após o outro. Foi somente graças à paciência do Padre Charles Balley, pároco de Ecully, anjo protetor, que João Maria Vianney foi admitido às sagradas ordens. O vigário-geral Bourbon, da arquidiocese de Lyon, disse: "O jovem Vianney é piedoso? Sabe rezar bem o rosário? É devoto da Santa Virgem?... A graça fará o resto!". E no dia 13 de agosto de 1815, em Grenoble, foi ordenado sacerdote, quase por compaixão, aquele que a Igreja de Roma proclamará protetor e modelo de todos os sacerdotes. Ele costumava ironizar sobre si mesmo, sobre sua ignorância: "Os estudos? Eu não estudei. Padre Balley tentou durante cinco ou seis anos ensinar-me alguma coisa. Mas perdeu

---

[2] G. M. Vianney. *Importunate Il buon Dio. Pensieri e discorsi del curato d'Ars, a cura di G. Rossé*. Roma, Città Nuova, 2005, p. 11.

o seu latim e não conseguiu colocar nada na minha pobre cabeça";[3] ou então: "Quando estou com os outros sacerdotes, sou como Bordin, o idiota do povoado".[4] Mas as pessoas acorriam a ele em grande número, apesar de se considerar indigno e de sentir consolação toda vez que encontrava um sacerdote ou religioso que "desmascarasse" sua ignorância: considerava, em seu íntimo, não merecer ser pároco. Todavia, sua humildade nada mais fazia do que atrair penitentes. Chegou à humildade autêntica que dissipou todo estado de medo e de angústia, conquistando o equilíbrio e a paz:

> Um dia recebi uma carta na qual me tratavam como um santo e contemporaneamente recebi uma outra com insultos. Se tivesse recebido só a primeira, teria caído no orgulho, e a segunda me teria jogado no desespero. Não devemos dar importância nem a uma nem a outra. Somos o que somos diante dos olhos de Deus.[5]

De fato, o Cura d'Ars nunca renunciou à instrução. Lia muito. Sua biblioteca ainda hoje contém 400 volumes, excluindo os que foram perdidos ao longo dos anos. Tinha grandes problemas de memória, mas Dom Devie, o bispo dele e de Taborin, nunca se preocupou com isso; interessava-lhe a ciência dos padres e, para verificar a de Padre Vianney, pediu que se remetessem a ele alguns casos difíceis, anexando as soluções propostas. O Cura d'Ars cumpriu com esse encargo durante vários anos: o bispo chegou a constatar que, dos mais de 200 casos enviados com as respectivas soluções, as respostas do sacerdote eram sempre exatas (excluindo dois ou três casos discutíveis).

---

[3] Ibid., p. 15.
[4] Ibid.
[5] Ibid., pp. 17-18.

Dom Devie, como também Irmão Gabriel, estimavam muitíssimo o pequeno e grácil Cura, e à nobre senhora de Garets, que observava: "Vê-se geralmente o Cura d'Ars como alguém de pouca instrução", ele respondeu: "Eu não sei se ele tem instrução, mas o que eu bem sei é que o Espírito Santo toma o cuidado de iluminá-lo".[6]

Quando se sentia objeto de muita veneração, ele desviava com autoironia. "Senhor Cura, o que há no senhor?", e ele: "Oh, o que há em mim? Para fazer o Cura d'Ars usaram um pato, um peru e um caranguejo",[7] isto é, um tolo, um "cadáver" sem graça (visto que estamos todos destinados a morrer) e uma pessoa capaz de dar somente passos para trás.

Tinha 31 anos, quando lhe foi confiada a paróquia de Ars, no planalto de Dombes, aos pés do Jura, 35 quilômetros ao norte de Lyon. Achou difícil encontrar aquele pequeno povoado, constituído por apenas 40 casas baixas, escondidas no meio de árvores frutíferas; algumas casas eram concentradas ao redor da pequena igreja e, acima dela, quatro traves de madeira sustentavam um sino; não tinha campanário. A cozinha e uma sala grande no térreo, três quartos ao piso superior. Os móveis tinham sido doados pela família nobre Garets, que possuía um castelo no fundo do vale; mas ele devolveu o que era supérfluo, e de Ecully tinha levado consigo uma cama (em seguida deu o colchão a um pobre), os livros do Padre Balley, algumas roupas e um guarda-chuva.

Ars, um povoado abandonado, onde não se pensava tivesse alguma necessidade de "desperdiçar" um sacerdote culto... apenas 250 habitantes, mas a luta contra os princípios cristãos,

---

[6] Ibid., p. 20.
[7] Ibid., p. 21.

levada pelo vento da Revolução, tinha imprimido seus efeitos. Padre Vianney não esperou que as pessoas viessem a ele, foi bater às casas de cada família.

René Laurentin escreveu:

> Ao pequeno buraco, no qual foi fechado por ser incapaz, ele fez acorrer as multidões. Sem querer, ele fundou um centro de peregrinações que o humorismo de Deus deixou-lhe atribuir a Santa Filomena, de quem a história confirmou a inexistência. Um bom álibi para a humildade de quem dizia: "Se o bom Deus tivesse encontrado um sacerdote mais miserável do que eu, é a ele que teriam acontecido todas estas coisas maravilhosas".[8]

Declarou guerra contra abusos inveterados, contra costumes pagãos: o hábito de blasfemar, a paixão pelos bailes, o costume de trabalhar no domingo, de frequentar os bares, de embebedar-se... Oração e mortificação eram suas armas principais contra os vícios de seus paroquianos. Ele dizia:

> Se já tivesse com um pé no céu e me dissessem para voltar para a terra e trabalhar para a conversão de um pecador, voltaria de boa vontade. E se fosse necessário para isso ficar aqui até o fim do mundo, levantar à meia-noite e sofrer como eu sofro, aceitaria de todo o coração.[9]

Oferecia-se a Deus para lutar contra o pecado e por amor às almas; de fato "a primeira obra do Cura d'Ars, a obra fundamental de sua vida, foi a obra de amar, de amar até mais aqueles que não amavam ou que amam tão mal".[10]

---

[8] R. Fourrey. *Vita autentica del curato d'Ars*. Roma, Edizioni Paoline, 1983, p. 7.
[9] Ibid., p. 28.
[10] B. Nodet. *Le Curé d'Ars, sa pensée, son coeur*, X, Lyon, Mappus, 1966, p. 15.

A igreja era sua moradia. Encontravam-no sempre lá, para a celebração eucarística, para a adoração, para confessar..., de dia e de noite. Jejuns e penitências estavam marcados todos os dias, mas ele não pretendia que os outros fizessem suas penitências. Comia uma vez por dia, duas batatas ao máximo, cascas de pão, às vezes os *matefaims* (espécie de bolinhos fritos, feitos de farinha e água). Passava horas e horas seguidas no confessionário, mortificação que o fazia sofrer mais quando no inverno o tempo era muito frio ou quando o calor do verão era sufocante. Tudo por amor e, então, "Ars não é mais Ars", de fato, a maior parte da população mudou o estilo de vida e muitos se converteram. E logo se transmitiu de boca em boca: em Ars havia um pároco que transformava os corações. Assim, o povoado insignificante ultrapassou os confins territoriais, e pessoas passaram a chegar de todas as partes para escutar o Cura, para se confessar, para se regenerar, para renascer conforme a indicação dada por Jesus a Nicodemos.[11]

Pouca gente, confusa e perdida ao longo de 25 anos devido aos estragos jacobinos e parisienses. E no meio dessas pessoas ele, com seu rigorismo, antes mal aceito pelas pessoas, com a sua falta de preparo e com o seu constante tormento de se sentir incapaz, alcança sucesso. O Cura, desprezado por outros padres – como Irmão Gabriel – e também denunciado ao bispo por causa de suas "estranhezas" e penitências, como colocar cinza na sopa, é obrigado a ficar no confessionário por cada vez mais tempo. E já começavam a vir também os burgueses de boa posição das cidades para se confessar, pessoas importantes, profissionais, funcionários, médicos... Atrás daquela grade do confessionário, o esquálido pároco sabe infundir a esperança

---

[11] João 3,1-15.

dos sete dons do Espírito Santo: sabedoria, inteligência, conselho, fortaleza, ciência, piedade, temor de Deus.

Quanto mais se rebaixa, mais o Senhor o exalta, mas ele sempre continua acreditando-se indigno e incapaz. Sempre a missa, sempre as confissões até o último respiro, até o muito quente verão de 1859, quando morrendo pronuncia como última palavra "Irmão..." pedindo um último serviço a Irmão Jerônimo.

Quando Irmão Gabriel chegou a Ars, viu as pessoas amontoarem-se, em peregrinação rumo à paróquia. Nunca tinha encontrado o Padre João Maria Vianney e estava espiritualmente curioso para conhecê-lo. No dia seguinte conseguiu alcançar a sacristia, confundido com a multidão que ia receber a bênção sobre si e sobre os objetos que trazia ao pároco. Nunca se tinham encontrado, todavia, quando o Cura o viu, caminhou na direção dele. Assim o saudou: "Bom-dia, Irmão Gabriel. Como vai sua pequena comunidade?". E Taborin, surpreendido e impressionado, responde: "Mas, senhor pároco: o Senhor então me conhece?". "Os amigos do bom Deus se conhecem bem!".

A sintonia que logo se estabeleceu entre Irmão Gabriel Taborin e São João Maria Vianney levou a uma positiva e profícua colaboração. O Cura d'Ars já tinha fundado, em 1842, uma escola gratuita para moças e estava prestes a abrir outra para moços; por isso, decidiu pedir ao Bispo Devie dois Irmãos da Sagrada Família para dirigi-la. O pedido foi acolhido e Irmão Gabriel, no dia 10 de março de 1849, acompanhou três religiosos, um dos quais viria a ser sacristão.

Padre Vianney ofereceu a Irmão Taborin 20.000 francos, e com esta soma o fundador adquiriu um terreno no lugar chamado Charignin.

A fundação de Ars, auspiciada por seu Cura, deu abundantes frutos e satisfações, pois alguns anos depois os irmãos abriram aí um pensionato para uma sólida instrução gratuita e educação cristã.

"Meu mui respeitável superior", assim Padre João Maria Vianney definia, em suas cartas, o Irmão Gabriel, demonstrando o valor que Taborin tinha para ele, e manifestando sua alegria pelo obrado "de seus bons irmãos", desejando "verdadeiramente conservá-los para sempre".

No ano de 1850, Irmão Gabriel publicou o volume de 500 páginas: *O anjo condutor dos peregrinos de Ars*. Nele, além de descrever a realidade paroquial de Ars, já meta de peregrinações por causa da presença carismática do Padre Vianney, era possível ler um perfil biográfico sobre o Santo Cura, a quem milhares de pessoas vinham para se confessar. A fim de realizar essa obra, o Irmão Gabriel pediu autorização ao sacerdote de Ars, com o consenso do Bispo Devie. Eis a resposta do Cura:

> Aprovo de coração seu projeto: gosto muito do plano que apresenta neste livro! Faça-o então imprimir logo. Tenho muito interesse por sua comunidade; já tenho demonstrado isso com o número de postulantes que enviei e com os pequenos donativos que tenho feito, e ainda demonstrarei meu tenro afeto por ela, fazendo vender uns 60 exemplares por semana, e talvez por dia, em alguns períodos.[12]

Afinal, o Cura d'Ars, que tinha profunda consideração e admiração por Irmão Gabriel, definindo-o como "amigo de Deus", assegurava com prazer um bom negócio ao religioso que, perenemente pedindo esmola, continuava a viver na pobreza

---

[12] F. Bouvet, op. cit., p. 304.

com os seus coirmãos. Impaciente em ter a obra, o Cura fazia pressões para vê-la o quanto antes. Mas as coisas se desenvolveram de um jeito bem diferente do esperado.

Quando Irmão Gabriel terminou o trabalho, viajou para Ars com seis cópias e disse:

> Meu pai, dignai-vos receber estes seis exemplares do nosso livro; e dê sua bênção, para que possa fazer o bem a quantos o procurarem. Mas não há nada neste livro que tenha a unção que o senhor põe cada dia nos seus ensinamentos, que se dirigem ao coração dos pecadores e que fortalecem o gosto para o bem.[13]

Padre Vianney responde:

> Vamos, caro amigo, será somente no outro mundo que saberemos quem dos dois terá feito maior bem, se eu ou talvez o seu livro! Mas, em qualquer caso, devo agradecer-lhe de ter trabalhado para a salvação das almas: isto merecerá as bênçãos de Deus sobre sua pessoa e sobre sua congregação, à qual desejo um grande bem. Por isso, envie logo um pacote de seus livros aos nossos vendedores: todos vão querê-lo, porque, sendo aprovado pelo bispo, poderão vendê-lo mais facilmente do que os outros. De minha parte prometo-lhe fazer vender muitos.

Irmão Gabriel se despediu com estas palavras: "Meu pai, o senhor está cansado; descanse esta noite; terei a honra de revê-lo amanhã de manhã antes de minha partida". "Sim, meu amigo, farei algo parecido com o repouso, porque o verdadeiro repouso somente encontraremos no Paraíso".[14] Em lugar de dormir, Padre Vianney leu o livro de Irmão Gabriel e ficou

---

[13] Ibid., pp. 304-305.
[14] Ibid., p. 305.

profundamente perturbado. A introdução e o prefácio, escritos em forma de cartas dirigidas à sua pessoa, contristaram-no profundamente: era um elogio a seu respeito e para ele, alma extremamente humilde, não era aceitável. Quando, na manhã seguinte, encontrou o autor do livro na igreja, chamou-o na sacristia e, em prantos, disse-lhe: "Como pude enganar-me desse jeito? Achava-o incapaz de fazer isso. O senhor imprimiu um mau livro: não quero que apareça e nem que possa subsistir. Queime-o logo; vou reembolsar os gastos de imprensa".[15]

Irmão Gabriel tentou expor suas razões: no interior do volume nada mais tinha que a verdade dos fatos, considerações também aprovadas pelo bispo.

> Seu livro é bom e fará muito bem; mas deverá tirar os elogios mentirosos colocados no início. Como pode dirigir semelhantes elogios a mim, que sou um pobre pecador, o mais ignorante dos padres, e alguém que talvez um dia seja condenado? Os outros padres fazem o bem, enquanto eu só faço teias de aranha.[16]

Dom Devie não autorizou nenhuma censura do livro, por isso o pároco de Ars não apoiou a obra e não assinou nem uma só cópia, como costumava fazer com outros livros de piedade que os peregrinos lhe apresentavam.

Irmão Gabriel ficou contristado, mas ao mesmo tempo admirado pela humildade imensa do sacerdote, e decidiu relatar tudo isso a seu bispo, que disse:

> Eis, meu caro amigo, uma grande lição de humildade que aquele santo padre dá a nós dois. Aproveitemos o exemplo e,

---

[15] Ibid.
[16] Ibid., p. 306.

quando nos louvarem, consideremos como bem pouca coisa o bem feito por nós, à imitação deste santo para quem o bem que faz são simplesmente teias de aranha.[17]

Irmão Gabriel obedeceu a Dom Devie e não modificou nada de seu trabalho, mas exatamente por essa razão criou um grande freio para a difusão do livro: o volume não autorizado pelo Cura d'Ars.

---

[17] Ibid., p. 306.

12
No Calvário e no Tabor

O Instituto da Sagrada Família se desenvolve e uma após a outra se abrem as casas dos homens que consagraram sua vida a Deus e à Igreja e que não querem ser confundidos com os sacerdotes, mas ser seus servidores, sendo servidores de Jesus Cristo. As dioceses de Annecy, de Chambéry, de Saint Jean-de--Morienne na Saboia, de Belley, de Besançon, de Saint-Claude, de Dijon, de Grenoble e de Valance já tinham comunidades de Irmãos da Sagrada Família. Precisavam agora de um segundo noviciado.

Irmão Gabriel tinha em vista a abadia de Tamié, que Dom Billet teria cedido, com vantagens econômicas; embora as condições fossem favoráveis, faltava dinheiro, e também pessoal idôneo para uma fundação desse tipo. Dom Devie exortou Irmão Gabriel a concentrar seus esforços numa boa colocação em Belley. É preciso reconhecer também que alguns benfeitores, propondo negócios vantajosos a Irmão Gabriel, nunca doaram algo relevante. Relembra a propósito, o seu primeiro biógrafo:

> ... contrariamente ao que aconteceu em quase todas as outras congregações, ele nunca recebeu uma doação de grande importância. Pode-se dizer que, tendo posto sua congregação sob o patrocínio da Sagrada Família de Nazaré, os nossos santos protetores quiseram, como ainda o fazem no presente, mantê-la na pobreza e na humildade e na pequenez dos

empreendimentos: é um fato inegável. É assim que Irmão Gabriel sempre viveu no dia a dia, e o bom Deus dava-lhe somente o que precisava para hospedar pobremente seus filhos, à medida que se multiplicavam, e também para o sustento, que era bastante frugal![1]

Afinal, a Irmão Gabriel, unido à Igreja e à pobreza, a Providência dava o necessário para a sobrevivência da instituição, nunca o supérfluo.

No ano de 1844 decidiu adotar para as escolas da congregação um livro de doutrina católica, cujo título era *Caminho da santificação*, em que, além dos princípios que movem a fé, Irmão Gabriel dedicou uma parte também às orações da manhã e da noite, ao ordinário da missa em latim, a uma seleção de cantos; a seguir escreveu *Grammaire française à l'usage des écoles primaires* (Gramática francesa para uso das escolas primárias) e um livro de leitura, *Le Trésor des écoles chrétiennes* (Tesouro das escolas cristãs).

Naquele tempo introduzir textos estrangeiros nos Estados sardos era muito custoso, por causa da alfândega; mas o Rei Carlos Alberto fez uma exceção para Irmão Gabriel, e por isso os alunos da Sagrada Família desfrutaram das publicações sem ônus de gastos sobre os direitos.

Taborin exigia muito de seus coirmãos dedicados ao ensino, queria que fossem preparados e profissionais. Dá prova disso exigindo um exame no fim do ano escolar para os docentes sobre as disciplinas do programa de instrução primária, mesmo que não fosse necessário do ponto de vista legal: antes de 1848, de fato, para lecionar na Saboia, não era ainda necessário o certificado de capacitação, mas era suficiente uma autorização,

---

[1] Ibid., p. 207.

renovável, do Magistrado para a Reforma dos Estudos. No entanto, Irmão Gabriel instituiu esse exame e fez isso por duas razões precisas: primeiro, queria que os seus professores fossem motivados e competissem entre si por uma preparação sempre melhor; segundo, desejava demonstrar publicamente que a bagagem cultural e formativa dos Irmãos da Sagrada Família era de ótimo nível. Então, eis que no dia 3 de agosto de 1844 apresenta ao arcebispo de Chambéry seu desejo de submeter os irmãos a um exame no fim do ano escolar:

> ... já que Vossa Excelência Reverendíssima tem gentilmente permitido que se apresentem os nossos irmãos que lecionam na Saboia, para examinar suas capacidades e estimulá-los ao trabalho e à emulação, desejaria que este exame pudesse ter lugar no seminário maior de Chambéry, terça-feira, 24 de setembro, e que os irmãos tomassem no seminário suas refeições, pagando naturalmente as despesas.
> Sendo um tanto numerosos, teria o inconveniente de conduzi-los ao albergue para as refeições. Desejaria saber se Vossa Excelência Reverendíssima está livre para examinar nesse dia os supracitados irmãos e se eles poderão reunir-se no seminário maior.

O exame foi marcado para o dia 17 de setembro, para aproximadamente 40 irmãos, que tiveram alimentação e pouso no seminário maior de Chambéry.

O número de religiosos aumentava e com eles os problemas ligados também às diversas vocações, às vezes muito fracas. E Irmão Gabriel não demonstrava uma atitude permissiva para com isso:

> Não entendia como fosse possível renunciar aos votos por motivos fúteis como tédio, contrariedades, desejo dos pais e outros semelhantes. Por isso, raramente dava seu consentimento

ao pedido de dispensa dirigida à autoridade eclesiástica, julgando que não pudessem ser desligados diante de Deus.[2]

Acontecia que alguns irmãos desejassem entrar em ordens religiosas mais rígidas e austeras do que a Sagrada Família e, então, Irmão Gabriel tinha com eles uma atitude de maior clemência em comparação com os que deixavam a congregação para uma escolha de vida mais cômoda e leve. A ideia de Irmão Gabriel a respeito da vocação era a de São Paulo e de São Francisco de Sales: cada um deve permanecer no estado de sua primeira opção. Esclarecedora, a esse respeito, a resposta que deu nas instruções gerais que ele escreveu para o Novo Guia:

> A grande máxima de São Paulo é que cada um deve perseverar na vocação na qual foi chamado por Deus. É também este o sentir unânime dos Padres da Igreja e, em particular, de Santo Anselmo. Os que Deus chamou por uma graça especial a serem Irmãos da Sagrada Família não devem temerariamente afastar-se, porque a vontade de Deus a nosso respeito não muda, e nos quer lá onde ele nos colocou. Se nos quisesse em qualquer outro estado, ele nos teria guiado, procurando-nos os meios necessários para chegar lá, e teria afastado os obstáculos que se pudessem opor a sua vontade.
> A respeito dos irmãos que querem abandonar a associação para entrar numa outra mais austera ou mais perfeita, eles devem saber que não há motivos de salvação que os chamem em outro lugar, seu dever é ficar onde Deus os colocou, porque é ali que ele os quer. Quem agir de maneira diferente torna-se culpado. Não tardará a perceber que, entrando numa ordem mais austera, carrega-se de um fardo que não pode levar e a saudade que experimenta é um dos primeiros castigos de sua

---

[2] Ibid., p. 220.

inconstância. Não devemos procurar longe, com o perigo de perder-nos, uma perfeição que podemos encontrar perto, isto é, na nossa comunidade.

Entre os religiosos que pedem para entrar numa ordem mais perfeita, não há um que não seja movido pela obstinação ou a fraqueza de espírito, ou por certa extravagância: e estas coisas esquisitas são a verdadeira causa de sua inconstância.

Aquele que deseja abraçar uma corporação menos austera age mal, porque o motivo que o leva a mudar não pode desculpá-lo aos olhos de Deus. De fato, é somente o amor ao próprio bem-estar que move tal religioso; ora, ele deve saber que devemos dedicar-nos inteiramente ao serviço de Deus e segui-lo tanto no Calvário como no Tabor. Ainda mais, acontece raramente de alguém que troca de instituição vir a sentir-se melhor, porque não encontra ali todas as consolações que tinha esperado e porque nelas encontra ordinariamente dificuldades que não esperava.

Em todas as comunidades religiosas, o homem é provado como o ouro no crisol. Não se pode permanecer em algumas delas, se não estivermos realmente dispostos a renunciar e a morrer para nós mesmos, a obedecer e a nos humilhar.[3]

Irmão Gabriel foi sempre coerente consigo mesmo, fiel a Cristo, à Igreja, aos homens em todos os instantes de sua vida. Uma vida plenamente realizada, como é sempre a vida dos santos, os quais nunca estão insatisfeitos nem se queixam das próprias condições: podem sofrer imensamente, quer no corpo, quer no espírito, mas sua realização é plena. Neles não encontramos frustração, mas consciência de que a dor, isto é, a cruz, é parte integrante do mistério da salvação: "Tomai meu jugo sobre vós e aprendei de mim, que sou manso e humilde de

---

[3] Ibid., pp. 222-223.

coração e encontrareis repouso para as vossas almas. Pois meu jugo é doce e meu fardo é leve" (Mt 11,30).

São Francisco de Sales dizia: "Entre o Evangelho e a vida dos santos não há maior diferença do que entre uma melodia escrita ou cantada", e ainda como afirma o Cardeal Saraiva Martins: "a santidade é a plenitude da humanidade" e "o contrário do ser santos não é ser pecadores, mas falidos".[4]

A perfeição consiste em acolher, na obediência, a vontade do Pai, e, portanto, em acolher o desígnio e o projeto que ele e somente ele pensou para cada um de seus filhos, pelo qual quer somente o bem, quer quando chama para subir ao Monte Calvário, quer quando convida ao Monte Tabor: os dois montes, que se alternam no curso da vida, são o caminho para chegar à única e importante meta: a eternidade, onde seremos julgados sobre o amor e nada mais.

---

[4] V. Sansonetti. Il popolo della gioia. *Il timone*, junho, n. 84, p. 10, 2009.

13
Encontro com Pio IX

No dia 29 de setembro de 1844, foram emitidos os primeiros votos perpétuos e, em 1845, a casa de Belley foi ampliada, graças à "taxação" de cada membro da comunidade. Contemporaneamente, abriram-se outras casas: Montmélian, Alby, Douvaine.

Em 1848 a Europa deflagra um movimento de revolta geral que prejudica a ordem estabelecida pelo Congresso de Viena, que tinha reconfirmado todos os soberanos em seus tronos nacionais. A Revolução de Paris, de 22 a 26 de fevereiro, estabelece na França a instauração da Segunda República, enquanto a Revolução de Berlim leva na Prússia à concessão da constituição e a formação de um governo liberal. É, sobretudo, a Revolução de Viena de 13 de março que determina a queda do Príncipe Metternich e a formação de um governo liberal. Na Itália, agitada pelas reformas de Pio IX, Leopoldo II da Toscana e Carlos Alberto, multiplicam-se os elementos de conflito. Assim, no Lombardo-Veneto a greve do fumo, decidida pelos liberais para golpear os interesses econômicos austríacos ligados ao monopólio da venda do tabaco, provoca numerosos episódios de violência que agravam o clima de tensão produzido pelas manifestações a favor de Pio IX, pelas repetidas manifestações no teatro Scala, pelos confrontos quase cotidianos entre estudantes e polícia. Para evitar a precipitação dos eventos, Fernando II de Bourbon, em Nápoles, é obrigado a conceder a

Constituição, como também Leopoldo II da Toscana, Carlos Alberto, Pio IX, Carlos II de Parma. Conhecida a Revolução de Viena, as forças democráticas do Lombardo-Veneto começam uma luta decidida contra os austríacos, e Veneza insurge libertando do cárcere Daniel Manin e Niccoló Tommaseo. O povo de Milão, depois de cinco dias de combates, obriga as tropas do comandante Joseph Radezky a deixar a cidade. A revolta estende-se aos ducados de Parma e Modena, onde se declaram caídos os legítimos soberanos. A queda do sistema de poder austríaco induz Carlos Alberto a entrar em guerra contra a Áustria, movido não somente pelas demonstrações de patriotismo popular, mas também por realizar as tradicionais aspirações da casa Saboia de expansão na Itália do norte, e pelo medo, difundido em ambientes moderados, de que a iniciativa de realizar a unidade italiana pudesse passar dos soberanos para o povo. Inicialmente, Carlos Alberto é sustentado pelas tropas de Leopoldo II, Pio IX e Fernando II de Bourbon, mas depois estes dois últimos se retiraram, interrompendo também o programa de reformas.

Depois de uma primeira fase de operações militares favoráveis, o exército do Piemonte é duramente derrotado em Custoza (Verona) e Carlos Alberto é obrigado a aceitar um pesado armistício com a Áustria, que pôde recuperar a praça de Milão e cercar Veneza. O republicano Giuseppe Mazzini procura desencadear uma insurreição nacional proclamando o fim da "guerra dos reis" e o início da "guerra do país".

Em Roma, depois da alocução papal de 29 de abril, na qual Pio IX toma distância da guerra, sucedem-se três governos moderados, o último presidido por Pellegrino Rossi, morto no dia 15 de novembro por um democrático. O Papa prefere deixar Roma e fugir para Gaeta na noite de 24 de novembro, na carruagem do embaixador da Baviera, e com sua escolha aumenta a esperança neoguelfa, como também a da confederação dos estados italianos.

Em meio a essa turbação, Irmão Gabriel prossegue, incansavelmente, sua obra. Durante os movimentos políticos do fatídico e belicoso ano de 1848, ele consegue abrir cinco novas casas: Bois-Sainte-Marie, Ferney, Chindrieux, Saint Cristophe-de-la--Grotte, Nernier; e outras sete em 1849: Ambérieu-em-bougey, Anbromay, Ars (na pátria de São João Maria Vianney), Blanzy, Arvillard, Cervans, Cruzeilles. Muito sensível e atento a não incomodar nem contrastar ninguém, Irmão Gabriel, abria suas casas onde não tivesse concorrência com outras congregações religiosas: um detalhe a ser sublinhado que tem muito a dizer sobre a personalidade finamente espiritual de um homem que fez da elegância comportamental não um fato formal, mas uma realidade substancial, viva e concreta. Como demonstração disso, fica o testemunho do Irmão Bouvet: ele afirma que um dia em Belley o fundador dirigiu-se nestes termos à comunidade: "Meus caros irmãos, recebi há pouco um pedido de seis irmãos da cidade de Tournus; mas não vou aceitar porque nessa cidade há Irmãos das Escolas Cristãs".[1]

No ano de 1850, Taborin decidiu voltar em peregrinação a Roma para submeter ao Papa Pio IX, recém-retornado à cidade de São Pedro depois do exílio de Gaeta, as Constituições e as Regras da Congregação.

Chegou a Roma no dia 27 de junho, às dez horas da noite. Assistiu, no dia seguinte, às primeiras vésperas da festa de São Pedro e, no dia 29 de junho, à missa solene oficiada pelo Papa. Na carta-crônica de 8 de julho, ele comenta com seus substitutos de Belley, os Irmãos Maurício e Amadeu:

---

[1] F. Bouvet, op. cit., p. 268.

Nada de mais bonito e emocionante, de mais majestoso e imponente do que estas cerimônias presididas pelo chefe da Igreja Católica. Por um favor especial, durante estes ofícios, fui introduzido quase aos pés do Trono do Sumo Pontífice, onde podia considerar comodamente este digno vicário de Cristo, que teve que atravessar tempos tão difíceis.

Entusiasmado com a acolhida recebida por parte do Papa no mesmo dia 8 de julho, Irmão Gabriel narra com alegria seu encontro com o sucessor de Pedro:

> Entrei na sala com 14 outros franceses. Como tinha solicitado uma audiência particular, esperei que tivessem saído para expor a Sua Santidade o objetivo de minha viagem. Sua acolhida foi muito afável; deu-me por três vezes a mão para beijar (o que não faz nunca, nem para os reis e os grandes da terra): foi uma grande demonstração de bondade de sua parte. Já me concedeu alguns privilégios que desejava há tempo. Pedi as indulgências para um bom número de objetos de piedade para os nossos bons irmãos, e particularmente uma cruz especial para o senhor e o caro Irmão Maurício. Desejo com ansiedade que chegue a hora de poder entregá-los com o beijo fraterno que envio a todos.

Ao Papa Pio IX apresenta sua súplica na qual menciona com participação e comoção os fatos históricos contemporâneos que duramente golpearam o vigário de Cristo.

> Bem-aventurado padre, guiado por um verdadeiro princípio de fé e por um amor totalmente filial, viemos à Cidade Santa para ter o insigne favor de prostrar-nos humildemente aos pés de Vossa Santidade e receber a bênção apostólica, à qual damos um valor maior que a todo o ouro do mundo.

Profundamente comovido ao ver os males que afligiam a Santa Igreja e que motivaram o exílio de Vossa Santidade, bem-aventurado padre, como temos anunciado mui humildemente a Vossa Santidade, com carta do dia 8 de novembro passado, nós mesmos ordenamos com religiosa solicitude a todos os irmãos e noviços que a Divina Providência quis confiar aos nossos cuidados, que rezassem com santo ardor para obter a diminuição dos males de Vossa Santidade e sua volta ao trono de São Pedro, que ilustrais e honrais com as mais sublimes virtudes.

Qual não foi nossa alegria, Santíssimo padre, quando soubemos da volta a Roma de Vossa Santidade! Muito grande foi nossa consolação, como de todos os bons cristãos. Por isso, os Irmãos da Sagrada Família cantaram com santa alegria o cântico de agradecimento e não cessarão de pedir todos os dias ao Senhor que conceda um reinado longo e glorioso a Vossa Santidade. Rezarão também para que se conceda muita prosperidade à Santa Sé, a qual estaremos sempre fielmente ligados; e para dar paz à Santa Igreja Católica, na qual, com a ajuda da Deus, queremos viver e morrer.

Santíssimo padre, vindo prostrar-nos humildemente aos pés de Vossa Santidade, queremos expressar como Deus tem protegido de maneira surpreendente a sociedade dos Irmãos da Sagrada Família, que formamos na diocese de Belley, com o piedoso e venerado bispo do lugar, Dom Devie. Nós a pusemos sob seu patrocínio e sob aquele do digno e venerado arcebispo de Chambéry, Dom Billet, dois Prelados distintos que honram o episcopado com seus méritos e suas virtudes.

Os Irmãos da Sagrada Família já estão espalhados em uma dúzia de dioceses, onde, com grande satisfação dos ordinários e dos fiéis, levam o benefício da instrução cristã e social tanto nas cidades como no campo. Eles exercem também as funções de cantores e de sacristãos e dedicam-se ainda a todo tipo de boas obras como indicado nos Estatutos da sociedade. A sociedade da Sagrada Família, já aprovada por Sua Santidade Gregório XVI, de feliz memória, e pelo rei de Sardenha, foi crescendo cada dia também nos tempos desfavoráveis que temos passado, e está prosperando dia após dia. Essa sociedade está destinada a prestar bons serviços, sobretudo na França e na Saboia, onde já está muito difundida; e a nova lei há pouco tempo emanada na França, sobre a instrução primária, parece muito favorável. Ora, beatíssimo padre, trata-se de consolidar essa associação e de encorajar os seus membros, e a coisa mais consoladora para eles seria justamente a de obter de Sua Santidade a aprovação dos Estatutos dessa Associação.

Já em 1841 fomos a Roma para solicitar esse favor. Renovamos humildemente o mesmo pedido com uma súplica dirigida à Vossa Santidade, no dia 15 de agosto de 1847, e a Santa Sé achou oportuno deferir esta aprovação, até quando ao Senhor agrade dispor de outro jeito.

Agora que pudemos julgar, após uma longa experiência, o que fosse conveniente acrescentar aos ditos Estatutos ou então suprimir, para a maior glória de Deus e o bem dos irmãos, declaramos que os Estatutos impressos, que humildemente apresentamos a Vossa Santidade, são todos praticáveis e que todos os atuais membros de dita associação comprometem-se a observá-los. É por isso, Santo Padre, que achamos bom reapresentar hoje nossa muito humilde e insistente súplica, persuadidos de que Vossa Santidade, em sua grande bondade, dignar-se-á acolhê-la favoravelmente. O resultado será um maior bem para a nossa associação, pois, sendo os Estatutos aprovados pela Santa Sé, serão também observados com maior respeito e com maior fidelidade; os Irmãos estarão mais firmes em sua santa vocação; dedicar-se-ão com maior zelo e ardor ao exercício de suas funções e, bem-aventurado padre, todos abençoarão o nome de Vossa Santidade, assim como justamente venerada entre as nações.

Santíssimo padre, humildemente prostrados aos pés de Vossa Santidade, nós vos pedimos que atenda a nossa súplica e nos conceda, junto aos nossos Irmãos e noviços, a bênção apostólica.

14
Tudo na cruz

Irmão Gabriel experimentou uma profunda tristeza quando morreu o Bispo Devie, em 1852, pelo qual ele tinha imensa gratidão e estima: "minhas lágrimas caem abundantes", escreveu na carta circular de 3 de agosto, que difundiu em todas as comunidades da Sagrada Família para informar a respeito da lutuosa notícia. Taborin não se envergonha de chorar e de unir-se às lágrimas dos seus coirmãos:

> Chorai também comigo, caríssimos Irmãos, pois o nosso venerado fundador, o nosso pai tão querido, o nosso santo bispo não existe mais: não mais o veremos nesta terra; ele entrou na eternidade e habita neste momento o reino dos espíritos bem-aventurados.

Irmão Gabriel era sujeito a nevralgias e, por causa das muitas sobrecargas, as forças iam sempre mais diminuindo, mas ele continuava ainda visitando as numerosas casas que na França tinham sido abertas. No verão de 1860, num dos seus inúmeros deslocamentos a pé para visitar as regiões de Chablais e Faucigny, foi acometido de terríveis espasmos na barriga, de tal maneira que foi obrigado a parar mais de 30 vezes e teve que sentar-se à beira da estrada e deitar na relva. Alcançou Taninges e tomou uma carruagem para Saint-Jeoire, onde o pároco Nachon cuidou dele. Quando se reanimou, disse: "O senhor me ressuscitou", e o pároco respondeu: "Como sou feliz, ressuscitei um santo".[1]

Irmã pobreza era hóspede fixa entre os muros das casas dos Irmãos da Sagrada Família. Escrevia na circular de 2 de agosto de 1852:

> ... os nossos recursos em dinheiro são mínimos, por isso acreditei dever dirigir-me a vós para convidar-vos a levar todos uma pedra para a nossa capela. Encontrareis essa pedra nas poupanças que vos convidei a fazer este ano...

O apelo de Irmão Gabriel foi acolhido e a capela da casa mãe foi terminada e abençoada solenemente pelo bispo no dia 29 de junho do ano seguinte. O próprio Cura d'Ars fez doação de muitos objetos sagrados para a capela, como o ostensório, a âmbula, um cálice. Não era certamente a primeira vez que São João Maria Vianney doava algo aos Irmãos da Sagrada Família. É interessante saber que em Villa Brea, Chieri, onde se encontra uma casa de irmãos, existe a maior coletânea, depois de Ars, de relíquias e objetos do Cura francês.

Para a realização da capela foi excepcional o esforço econômico realizado por todos os religiosos, e o próprio fundador expressou seu reconhecimento com relação a isso:

> Que satisfação ainda para os nossos virtuosos irmãos, que, com espírito de fé e de amor para com a comunidade, têm também contribuído para refazer e adornar esta capela. Sua generosidade não permanecerá sem prêmio aos olhos de Deus.[2]

---

[1] Ibid., p. 301.
[2] Ibid., p. 310.

Fonte e recurso principal de suas incansáveis e intensas jornadas era a oração; dela trazia a seiva e o sustento. Cristo foi o centro de sua existência e a cruz, seu horizonte. A oração era incessante e nunca se deixou levar pelo ativismo, mesmo realizando múltiplos objetivos. Nunca apressado, nunca triste, nunca descontente ou com raiva, Irmão Gabriel, de voz penetrante, como as testemunhas recordam, de olhos ternos e penetrantes, era um homem incansável no trabalho, exatamente porque homem incansável na oração, por isso nunca se sentia dominado pelas "coisas a fazer", ou pelas "pressões", pelo "estresse", porque sua fé era tão grande e forte que cada obstáculo que estivesse entre seus projetos e seu cumprimento era considerado normal, resultado das consequências causadas pelo pecado original. Cumprir a vontade de Deus era seu único objetivo, o resto diante dos seus olhos perdia valor.

Poderia ter dito, como fará um dos seus filhos muitos anos depois, Irmão Silvestre Pia (1920-2003), o missionário que levou a evangelização, mas também o cultivo da videira a Burkina Faso e onde os Irmãos da Sagrada Família continuam seu trabalho entre os burquinabés: "O Reino dos Céus é uma conquista, e tudo o que não visa a essa conquista, abandonai-o. Se olhardes demasiadamente os bens da terra, não quereis subir".[3]

Irmão Gabriel olhou sempre para o alto e ali encontrou em todo momento e em todo lugar a coragem e a determinação para prosseguir não obstante as fadigas, as incompreensões externas, os obstáculos. Não parou nunca porque se deixou envolver pela cruz:

---

[3] Fratel Silvestro Pia. *Il fuoco e Le Croce, a cura di Cristina Siccardi*. Cinisello Balsamo, Edizioni San Paolo, 2007, p. 49.

Nossa decoração é a cruz bendita que levamos no peito desde o dia que nos consagramos a Deus no santo estado religioso. Essa cruz é também a arma com a qual nos defendemos, porque é com a cruz que Jesus Cristo venceu o mundo. A santa decoração que nós levamos, caríssimos irmãos, é mil vezes mais preciosa que a cruz do mérito, concedida pelo soberano a quem a merece. Se a nossa cruz não está anexa a nenhuma pensão civil, há indulgências plenárias concedidas pelo Sumo Pontífice; e este é verdadeiramente um grande tesouro pelo qual podemos aliviar prisioneiros, infelizes que sofrem: as almas do purgatório!
Na batalha o soldado acha-se exposto; ele pode também perder a vida; então, lembremo-nos, irmãos, de que a nossa vida é uma luta contínua na qual podemos a cada instante perder a vida da graça!... Mas, quaisquer que sejam as feridas, não nos devemos afligir: Jesus, na sua infinita bondade, curará nossas chagas. Sejamos fiéis para morrer com as armas em punho no combate iniciado para a sua glória, para a nossa salvação e pelo bem do país onde a Providência nos quis.[4]

Irmão Gabriel é um apóstolo de Cristo, pronto a morrer por Cristo:

> ... se precisasse morrer pelos interesses da religião não hesitaria a fazê-lo generosamente com a ajuda de Deus. E deveis estar todos nessas disposições e, ainda mais, ousaria dizer merecer este favor, que abriu o céu a tantos mártires.[5]

---

[4] F. Bouvet, op. cit., pp. 311-312.
[5] Ibid., p. 311.

Todos os santos estão prontos a morrer pela fé e a alguns deles é dado sacrificar a vida e, então, são proclamados mártires: é a meta ambicionada de quem é realmente unido a Cristo Senhor.

A este propósito Tertuliano afirma: "Plures efficimur quoties metimur a vobis: sanguis martyrum est semen christianorum" [Multiplicamo-nos cada vez que somos ceifados por vós: o sangue dos mártires é semente de novos cristãos] (Apol., 50,13:CCL 1,171). Na derrota, na humilhação de quantos sofrem por causa do Evangelho, age uma força que o mundo não conhece: "Quando sou fraco" – exclama o apóstolo Paulo –, "é então que sou forte" (2Cor 12,10). É a força do amor, desarmado e vitorioso também na derrota aparente. É a força que desafia e vence a morte.

A cruz é a meta de cada verdadeira testemunha do Evangelho, é a única e verdadeira razão de vida, porque somente nela está a felicidade de cada um. Eis o escândalo para os pagãos, os que põem sua inteligência e seu coração na realidade imanente, desprezando a porção transcendente e divina do homem. "A cruz venceu o mundo", afirma ainda Irmão Gabriel, o enamorado da cruz.

> Este símbolo sagrado, que afugenta os demônios, nos relembra ao mesmo tempo quer o preço de nossa alma e o amor do divino Salvador, quer a sua bondade que o levou a doar-nos, do alto da cruz, Maria como Mãe.
> A salvação e a vida estão na cruz, aí, meus caríssimos irmãos, como diz o piedoso autor de *A imitação de Cristo*,[6]

---

[6] *A imitação de Cristo* (título original em latim: *De imitatione Christi*) é, depois da Bíblia, o texto mais difundido de toda a literatura cristã ocidental. O texto é em língua latina e o autor é desconhecido. O debate entre os estudiosos, até hoje, propôs como alternativas mais críveis a de Gerson, francês e chanceler da

encontraremos o refúgio contra os inimigos, a doçura da graça, a força da alma, a alegria do espírito, a perfeição das virtudes, o cume da santidade.

Não encontraremos a cura de nossas almas nem a esperança da vida eterna a não ser na cruz. Carreguemos então nossa cruz, isto é, todas as penas do nosso estado e todos os sofrimentos que Deus nos enviar. Levemos nossa cruz com coragem, lembrando o que Jesus Cristo disse: quem quiser ser meu discípulo renuncie a si mesmo, tome sua cruz e siga-me. Quem se afasta desta estrada fica desorientado e infalivelmente estará perdido. Arrependamo-nos, meus caros irmãos, para não nos expor a chorar eternamente com os condenados e ficarmos sem aquele Paraíso que o nosso divino Salvador mereceu com seus sofrimentos e sua cruz.[7]

Entre os alunos mais conhecidos de *A imitação de Cristo* temos, sem dúvida, a doutora da Igreja, Santa Teresinha de Lisieux. A composição literária do monge agostiniano é de fundamental importância para poder compreender plenamente a figura da carmelita, pois é exatamente sobre esse texto de mística medieval que se desenvolveu sua formação inicial, ainda antes de conhecer e frequentar assiduamente os dois gigantes da ordem carmelitana: Santa Teresa d'Ávila e São João da Cruz. Durante a adolescência, levava sempre consigo esse livro em

---

Sorbona (1363-1429), Thomas de Kempis (1380-1471), monge agostiniano, e João Gersen (1243-?), monge de São Bento de Vercelli. O primeiro capítulo tem como título: "De imitatione Christi et contemptu omnium vanitatum mundi". Escrito durante o período medieval, objeto da obra é o caminho a percorrer para alcançar a perfeição ascética, seguindo os passos de Jesus. Cotamos atualmente mais de 700 manuscritos e mais de 3 mil edições traduzidas em mais de 100 línguas. É um texto atualmente considerado como referência por todas as Igrejas cristãs (católica, protestante e ortodoxa).

[7] Irmão Gabriel Taborin, circulares aos irmãos, 1º agosto 1855.

qualquer lugar que fosse e, tendo-o meditado por longo tempo, chegou a decorar longos trechos.

A imitação de Cristo, Santa Teresinha de Lisieux, Irmão Gabriel Taborin, Irmão Silvestre Pia... o fio espiritual corre pelo rio que transporta a alma até imitar a Cristo, até tornar-se com ele participante da Salvação universal.

15
Seu segredo

Irmão Gabriel dedicou toda sua vida a tirar um pouco de poeira da humanidade. Espelhando-se constantemente em Cristo Salvador, dedicou-se completamente aos outros mergulhando nas bem-aventuranças evangélicas, e sua pedagogia sempre foi de caráter preventivo.

> Vigilância, como mestres religiosos sobre vossos alunos, para erradicar o mal neles, desde o primeiro momento, para afastar o perigo que os ameaça e para treiná-los na prática da virtude, impedindo-os de contrair os defeitos ligados à idade; vigilância para a oração, para a exata frequência na escola, ao catecismo, às cerimônias religiosas, aos sacramentos, e, também, no que diz respeito ao comportamento respeitoso em lugar santo; vigilância para afastar as más companhias, as conversas perigosas, os modos vulgares, as ações escandalosas, os livros e as revistas que poderiam perverter os costumes ou fazer perder a fé; e se for possível, vigilância contínua, que inventa mil meios para não perder de vista os alunos.
> A polícia tem seus agentes e seus espiões: por que não deveríeis vocês, meus caros Irmãos, terem alguns vigias por vossas escolas, que sejam sábios e piedosos; pessoas discretas no exercício da vigilância sobre os alunos fora da escola, as quais venham a informar-vos sobre a conduta deles.
> Não há dúvida de que deveriam ser de preferência os pais a exercer esta vigilância, mas infelizmente a maior parte dos

pais e das mães idolatram seus filhos e dificilmente admitem as falhas deles, quando nós os fazemos observar. Enfim, é preciso que vossos alunos saibam, por experiência, que o vosso olhar está constantemente fixo sobre eles, quando estais presentes e quando estais longe, e não saibam de quem vos provêm as informações obtidas por testemunho de outros. Os adolescentes sem vigilância não são habitualmente nem sábios nem virtuosos; podeis, portanto, caríssimos irmãos, esperar deles muitas perturbações na aula, se não os vigiardes como creio dever recomendar-vos, para a glória de Deus e para o bem da infância das vossas escolas. [1]

Em 1845, Irmão Gabriel abriu uma escola na Suíça. De fato, era sua intenção ampliar os confins da obra dos Irmãos da Sagrada Família. Teria desejado inserir-se também em Roma, mas não conseguiu. Teve que renunciar ao convite vindo das ilhas Seychelles, em 1854, para aceitar o convite vindo dos Estados Unidos; todavia, uma série de circunstâncias negativas, contrárias ao projeto, levaram-no a um insucesso muito amargo, ainda mais porque Irmão Gabriel perdeu os quatro religiosos que tinha enviado.

Mas o espírito missionário daquele momento nunca diminuiu e levou o instituto a estar presente fora da Europa, em Burkina Faso, Costa do Marfim, Argentina, Uruguai, Brasil, México, Equador, Filipinas e Índia.

Inicialmente, tendo um bom projeto destinado a cumprir "todo tipo de boas obras", Taborin orientou os Irmãos nos três campos que melhor conhecia: a escola, o cuidado das Igrejas e a atenção para com os órfãos pobres, que já tinha acolhido desde 1839, em Belmont. Na Saboia fundaram unicamente escolas,

---

[1] Irmão Gabriel Taborin, circular de 2 de julho de 1864.

no centro-oeste e no sul da França multiplicaram-se as escolas, as sacristias e os orfanatos; por fim, as grandes cidades de Paris, Tours, Toulon, Marselha, Lyon, Langres tiveram os Irmãos da Sagrada Família para ocuparem-se dos cantos e das sacristias. Isolada e de breve duração, a tentativa de uma "trapa mitigada", realizada em Tamié de 1856 a 1861; enquanto um ótimo resultado alcançaram os pensionatos de Tamié e, sobretudo, de Ars, cidades em que os Irmãos da Sagrada Família dirigiram a escola paroquial até 1969 e onde o Santo Cura d'Ars, que tinha enviado ao noviciado dos Irmãos em Belley cerca de 40 vocações, quis também os irmãos para o serviço da pequena igreja que se tornou a célebre basílica-santuário, conhecida em todo o mundo e onde os Irmãos desenvolvem ainda hoje suas funções.

Além do Cura Vianney, Irmão Gabriel manteve uma intensa correspondência, de 1845 a 1863, também com um outro santo, Pedro Juliano Eymar, nascido em La Mure d'Isère, no dia 4 de fevereiro de 1811, e falecido em 1º de agosto de 1868. Tinha-o conhecido em Belley, onde o santo havia pregado em um retiro espiritual, e onde esteve várias vezes na qualidade de confessor dos Irmãos e dos noviços. Manteve-se em relação com os filhos espirituais de Taborin, quer durante sua permanência em Lyon, quer depois em Paris como fundador dos Sacerdotes e das Servas do Santíssimo Sacramento, interessando-se a seguir pelos Irmãos que trabalhavam no seminário de Grenoble.

O segredo de Irmão Gabriel estava na oração. A oração estava em primeiro lugar nas suas jornadas intensas, mas que não conheciam exageros. Numa circular enviada em 1864 aos Irmãos, ele explica nestes termos o valor da oração:

> Falo-vos ainda da oração, porque aprendi através de uma doce experiência, como também através da fé, que nada é mais

necessário que a oração... Não é tanto ao meu pobre trabalho e às minhas leves fadigas, mas é à oração que devo a formação, a conservação e a prosperidade, tanto material quanto espiritual, do nosso caro instituto. ... todo o meu recurso está na oração.

A espiritualidade de Irmão Gabriel encontrava seu fundamento e seu centro de atração na Santíssima Trindade, para a qual, desde sua infância, elevava suas invocações e louvores. A festa da Santíssima Trindade e a festa de Todos os Santos, dia em que tinha nascido, foram sempre para ele duas festas muito caras e, com o passar do tempo, reconheceu ter conseguido cumprir o que Deus lhe tinha pedido, graças à intercessão dos santos e à ajuda da Santíssima Trindade.

Na oração e diante do Sacrário, encontrava a força e o alimento de suas trabalhosas e frequentemente cansativas jornadas, também devido aos sofrimentos morais a que continuamente era submetido. A Eucaristia constituía o seu recurso vital, assim se aproximava do altar com o maior respeito e com a mais profunda humildade, mas também com o amor mais ardente e a mais absoluta confiança.

> Prezava e desejava fazer saborear a felicidade de uma comunhão benfeita que pode santificar uma alma, mas ficava apavorado com uma comunhão indigna. O religioso santo freme em todos os membros de seu corpo e nada mais pensa senão em preservar-se de uma tal desventura.[2]

---

[2] *Summarium da vida, das virtudes e da fama de santidade do Servo de Deus Gabriel Taborin*, Extrato da *Positio*, publicada pela Sagrada Congregação para a Causa dos Santos. Postulação da causa, Roma, 1985, p. 29.

Em Nossa Senhora, no Anjo da Guarda e nos santos, com uma predileção particular por Sant'Ana e São José, encontrava a mediação eficaz para chegar a Deus. Ele era ligado ao Senhor com cinco votos: os três fundamentais para a vida de um religioso, e ainda devia cumprir um quarto voto de estabilidade, que os irmãos continuaram a emitir até a promulgação do Direito Canônico de 1917, e um quinto voto de ser superior da congregação durante toda a vida, que ele emitiu por desejo de Dom Devie, no dia 15 de agosto do ano de 1838, na capela particular do próprio bispo no seminário de Brou. Conforme o Novo Guia redigido pelo Irmão Gabriel na sua última redação das Regras (Estatutos de 1852), o voto de estabilidade é apresentado nestes termos: "Pelo voto de estabilidade, os associados se comprometem a permanecer na associação por toda a duração deste voto. Não podem, portanto, de sua iniciativa, nem sair nem ceder à vontade de sair durante aquele período, por qualquer motivo, sem violar este voto: assim foi concebido", porque, como afirmava Irmão Gabriel, se não houver estabilidade, não há ordem, e se não há ordem, não há comunidade.

Cansado e de saúde frágil, nos últimos anos, foi muitas vezes tentado a deixar a direção do instituto; mas o voto proposto por Dom Devie, a fim de que ele continuasse a fazer viver a congregação e a protegê-la, impedia-lhe de afastar-se, renunciando, portanto, totalmente a si mesmo e abandonando-se completamente a Deus. A fé mais uma vez veio em seu socorro, e a ela orientou o olhar de seus filhos até o fim de seus dias, como demonstra o esplêndido *Cântico de amor,* que ele deixou em herança aos irmãos, escrevendo na circular de 10 de agosto de 1863:

A fé, caríssimos irmãos, deve brilhar no espírito e no coração do religioso como o sol brilha no firmamento nos dias belos e serenos.

O religioso que não tem uma fé viva está sujeito a perder-se, como aquela grande multidão de homens cegos e insensatos que descuidam as práticas religiosas, que esquecem, a seu grande dano, o destino eterno que nos espera e, fazendo assim, caminham a passos largos rumo à espantosa mansão dos condenados... Deus criou o homem para torná-lo feliz e é no céu, caríssimos irmãos, que ele preparou-lhe a felicidade. Pôs o homem sobre a terra por pouco tempo para oferecer-lhe o modo de merecer o prêmio que quer conceder-lhe somente como recompensa: a alma, saída das mãos de Deus, deve voltar ao seu seio e reunir-se para sempre ao autor do seu ser. Eis em que vai consistir a felicidade: veremos a Deus, o amaremos sem divisões, o possuiremos para sempre, sem medo de perdê-lo, [portanto,] veremos a Deus e esta visão apresentará aos nossos olhos coisas inefáveis; sim, veremos a Deus após ter conduzido uma vida santa e após termos derramado, aqui, as lágrimas do verdadeiro arrependimento e da penitência, que produziram um grande número de santos. Em Deus veremos, finalmente, manifestados, os grandes mistérios que durante a vida puseram à dura prova a nossa fé e que se apresentavam a nós velados entre muitas nuvens.

Ao cântico de amor a Deus se seguiu, na circular de 2 de julho de 1864, o *Cântico de amor à fraternidade*, considerada como verdadeiro "espírito de corpo e de família", que é a característica fundamental do carisma do instituto, peculiaridade que sempre agiu como força de coesão entre os Irmãos, mas também como importante estilo comum para viver e difundir o Evangelho:

> Algo que contribui enormemente à felicidade, à prosperidade e à força de uma congregação religiosa, e que alivia o peso daquele que o Senhor escolheu como superior, é o espírito de corpo e de família. Tem sua fonte na caridade e, portanto, em Deus, que é a mesma caridade. Numa congregação onde existe realmente este espírito, todos os membros que a compõem possuem um só coração e uma só alma; amam-se e ajudam-se, compartem alegrias e sofrimentos, sucessos e reveses, uma prevenção recíproca e uma fraternidade singela confunde entre eles os espíritos e caracteres mais diversos numa comum igualdade... A sabedoria divina oferece-nos poderosos meios de salvação com a oração, a prática das virtudes, a observância da Regra e o espírito de família do qual tenho falado... Por estes meios, vive-se feliz em comunidade. Torna-se merecedor de apreço o nosso Instituto, ajudam-se e aliviam-se as fadigas dos superiores que os governam. Suplico-vos, portanto, nunca perdê-los de vista.

Mas ainda mais profundamente, o fulcro íntimo de seu segredo consiste em ter apresentado aos seus Irmãos, e aos que o conheceram, a espiritualidade nazarena:

> Nosso Senhor disse que onde está o nosso tesouro, lá está também o nosso coração. O coração de cada cristão, e, sobretudo, o coração de um Irmão da Sagrada Família, deveria estar seguidamente sob o humilde teto de Nazaré, no seio daquela augusta família que reúne em si todas as virtudes divinas e humanas (*Novo guia*, n. 607).

Com uma certeza profundamente consoladora:

> Que imenso recurso pode encontrar [cada cristão e] o religioso da Sagrada Família, nos santos padroeiros de sua congregação! Se souber fazer jus, sua proteção nunca perecerá,

qualquer coisa que aconteça; e quando estiver na última hora, terá a grande sorte de morrer entre os braços de Jesus, Maria e José, depois de consagrar-se a eles e de tê-los imitado durante toda a vida (*Novo guia*, n. 5).

A espiritualidade nazarena consiste em viver as relações existenciais como foram vividas por Jesus com Maria e por José para com Deus na vida de oração, no amor recíproco e aberto para todos, no trabalho que continua a obra criadora de Deus e providencia para o homem o seu honesto sustento.

A espiritualidade nazarena leva de fato os irmãos e os que seguem o ideal de Irmão Gabriel a reconhecerem na Sagrada Família a mais perfeita realização terrena da comunidade de amor que é a Santíssima Trindade, e a esforçar-se em prolongar o amor deles num estilo de vida em que a "familiaridade" com Deus torna-se também o fundamento para viver "em família", em comunhão com cada pessoa. Na escola de Nazaré aprende-se a meditar e a viver o Evangelho nas situações concretas cotidianas. Em Nazaré Jesus vive o que depois vai ensinar.

16
Sonhando a "trapa mitigada"

Ao pé da cruz está Maria, e o Irmão Gabriel está com ela. Sempre foi grande o seu amor pela Mãe de Deus, aquela que, Filha de seu Filho, como a definiu nobremente Dante, foi estímulo e sustento para todas as escolhas, seguidamente complexas e complicadas de Taborin. No dia 8 de dezembro de 1854, o Beato Pio IX, com a bula *Ineffabilis Deus*, define como a Virgem Maria foi preservada imune do pecado original desde o primeiro instante da sua concepção.

Estas são as palavras que concluem a encíclica mariana *Ineffabilis Deus* e proclamam solenemente o dogma:

> (...) afirmamos e definimos revelada por Deus a doutrina que sustenta que a Beatíssima Virgem Maria foi preservada, por particular graça e privilégio de Deus onipotente em previsão, dos méritos de Jesus Cristo Salvador do gênero humano, imune de toda mancha de pecado original desde o primeiro instante de sua concepção, e isto deve, portanto, ser objeto de fé certa e imutável para todos os fiéis.

O dogma não afirma somente que Maria é a única criatura a ter nascido sem pecado original – e isso desde os nove meses antes de seu nascimento, isto é, no momento de sua concepção por parte de sua mãe, Sant'Ana –, mas acrescenta ainda que a Mãe de Deus, por especial privilégio, não cometeu nenhum pecado, nem mortal nem venial, em toda sua vida.

A doutrina da Igreja afirma que Deus confere a alma para a pessoa humana logo que ela se forma, em seu primeiro instante, isto é, no momento da concepção, por isso a doutrina sobre a Imaculada Conceição de Maria dá força ao pensamento da Igreja sobre a presença da alma nos fetos e nos embriões.

O amor de Irmão Gabriel para com Nossa Senhora, e em particular para com a Imaculada Conceição, além de ser demonstrado na oração, foi manifestado também de maneira tangível na colocação de uma imagem da Imaculada no jardim da Casa Mãe de Belley, que foi abençoada no dia 29 de julho de 1855 por Dom Chalandon, que concedeu quarenta dias de indulgência a quem rezasse a Ave-Maria diante do monumento.

Sobre esta imagem de Maria Imaculada fixaram-se com amor os olhos de Irmão Gabriel, os olhos de seus coirmãos e de milhares de outras pessoas. Por isso, quando os Irmãos foram expulsos da França em 1903, levaram-na junto, ao exílio em Villa Brea. A presença da Mãe Imaculada sustenta suas vidas e encoraja suas esperanças. Diante dessa imagem, também em Villa Brea, gerações de Irmãos, de aspirantes à vida religiosa, de pessoas de toda categoria chegavam para rezar.

Mas voltamos ao termo "indulgências". Palavra não habitual, que se tornou anacrônica por não ser usada, não porque tenha sido abolida do vocabulário da Igreja, mas porque a mentalidade comum católica não mais relembra essa prática.

As indulgências operam sobre as penas temporais e não sobre as eternas, consequências do pecado mortal impenitente, que separa o pecador da comunhão com Deus por toda a eternidade, sendo condenado ao inferno; mas sobre as penas temporais, purificando a criatura e apagando, totalmente ou em parte, as consequências do pecado que perduram também depois da morte. Por isso, podem ser corrigidas ou durante a vida terrena, através da oração e de uma conversão na prática da caridade, ou então depois da morte no Purgatório. Na constituição apostólica *Indulgentiarum doctrina*, de Paulo VI, publicada em 1º de janeiro de 1967, o Magistério da Igreja esclarece:

> Por arcano e benigno mistério da divina vontade, reina entre os homens uma solidariedade sobrenatural, sendo que o pecado de um é nocivo para os outros, como também a santidade de um causa benefícios igualmente para os outros. Deste modo, os fiéis prestam-se mutuamente ajuda para conseguir sua finalidade sobrenatural. Um testemunho desta solidariedade manifesta-se no próprio Adão, cujo pecado passa por "propagação" a todos os homens. Mas o próprio Cristo, em cuja comunhão Deus nos chamou, é o maior e o mais perfeito princípio, fundamento e exemplo desta solidariedade sobrenatural (...). A dita remissão de pena temporal, devida pelos pecados, já perdoados quanto à culpa, com termo próprio foi chamada "indulgência". Ela vai ao encontro, em parte, com os outros meios ou caminhos destinados a eliminar o que permanece do pecado, mas ao mesmo tempo se distingue claramente deles. Na indulgência, de fato, a Igreja, fazendo uso de seu poder de ministra da redenção de Cristo Senhor, não somente reza, mas, com uma intervenção ligada a sua autoridade, dispensa para o fiel bem-disposto o tesouro das satisfações de Cristo e dos santos na ordem da remissão da pena temporal. A finalidade que a autoridade eclesiástica se propõe na distribuição das indulgências não é somente a de ajudar os fiéis a descontarem as penas do pecado, mas também de impulsioná-los a cumprirem obras de piedade, penitência e caridade, especialmente as que são úteis ao incremento da fé e do bem comum. Se depois os fiéis oferecem as indulgências em sufrágio dos defuntos, cultivam de modo excelente a caridade,

e elevando a mente para o céu, ordenam mais sabiamente as coisas da terra. O Magistério da Igreja defendeu e expôs esta doutrina em vários documentos. Infelizmente, no uso das indulgências infiltraram-se, às vezes, alguns abusos, seja por causa das concessões não oportunas e supérfluas – era aviltado o poder das chaves e a satisfação penitencial era abolida –, seja por causa de "aproveitamentos ilícitos" – dava-se má fama ao nome de indulgência.

Mas a Igreja, alertando e corrigindo tais abusos, ensina e estabelece que o uso das indulgências deve ser conservado porque sumamente salutar para o povo cristão e aprovado com a autoridade de sagrados Concílios, mas condena com anátema os que afirmam a inutilidade das indulgências e negam o poder existente na Igreja de concedê-las.

A indulgência, que pode ser parcial ou plenária, isto é, pode libertar em parte ou totalmente das penas temporais (Purgatório) devida por causa dos pecados – atualmente disciplinada pelos documentos *Indulgentiarum doctrina* e pelo *Manual das indulgências* –, é uma prática muito útil e muito funcional como também confortável, já que oferece a possibilidade de apagar uma parte bem precisa das consequências dos pecados, por parte do pecador que tenha confessado sinceramente o seu erro. A Reforma protestante contestou essa doutrina, sustentando que não tinha um sólido fundamento na Bíblia e, infelizmente, tal mentalidade penetrou também em muitos ambientes católicos.

Irmão Gabriel, assim como o seu amigo de alma, o Cura d'Ars, acreditavam e difundiam o uso das indulgências e, com os seus ensinamentos e suas orientações, conseguiram a salvação de muitas almas.

Irmão Gabriel desejava, havia muito tempo, que a Abadia de Tamié, já pertencente à ordem de Citeaux (fundada em 1132) e na época de interesse de Taborin, abandonada a si mesma, embora restaurada pelo arcebispo de Chambéry, se tornasse propriedade de sua congregação. As chaves da abadia eram guardadas por um tal de João Favre, cujo pai tinha ajudado os religiosos a fugirem do convento quando os jacobinos assaltaram o edifício. Não foi fácil conseguir o contrato de aquisição, também porque os irmãos, seus colaboradores, "tendem a me desviar desta aquisição", escreveu Irmão Gabriel ao bispo de Chambéry, numa carta a ele dirigida no dia 16 de março de 1856:

> Dizem-me que o povoado é frio, muito solitário e isolado para as comunicações; que as portas, as janelas, os pisos estão completamente roídos e que, se não forem refeitos, poderemos ser esmagados; e que nem gastando 40 ou 50.000 mil francos por estes reparos seria possível fazer todo o necessário para colocar em bom estado essa casa; seria muito custoso para nós conseguir a madeira para a reconstrução.
> Eles ainda acrescentam que fazer uma casa como penso nos tiraria uma parte dos nossos melhores elementos, que precisaríamos em outra parte, especialmente para sustentar uma casa que formei o ano passado em Paris e que desejariam fazer-me ampliar muito mais: isto ofereceria maiores recursos do que Tamié. Fazem-me também observar que não é em tempo de perseguição que se pode ter segurança para constituir uma casa como Tamié. Este é também o parecer dos superiores eclesiásticos desta diocese, que desejariam impedir-me de ir a Tamié. E os nossos principais irmãos são da mesma opinião... Substancialmente todas as razões que apresentam parecem sábias.
> Porém, faz 25 anos, Excelência Reverendíssima, que me sinto atraído pela solidão de Tamié; todas as minhas aspirações estão dirigidas para esta meta e para fazer nesta localidade

um pouco de bem com a assistência de Deus, com os bons conselhos e a proteção de Vossa Excelência Reverendíssima. Nesse empreendimento estou agindo como desejaria fazê-lo à beira da morte, e por isso com intenção pura e reta. Se Vossa Excelência Reverendíssima recusar facilitar-me esta aquisição, será para mim um oráculo que me fará conhecer os desígnios de Deus; e os meus opositores perceberão até melhor os meus pontos de vista...

Houve um tempo, por volta de 1840, em que Irmão Gabriel pensou, também a convite do Padre Roland, em formar Irmãos para os serviços domésticos e manuais dos seminários, e para esse ofício foram enviados vários religiosos aos Seminários de Grenoble, Romans, Montciel, Bonneville; mas, por volta de 1854, Taborin decidiu suprimir, pouco a pouco, essas casas, fundando, porém, as comunidades dos Irmãos destinados a serviços e funções nas igrejas das grandes cidades, chamados igualmente de "conversos", e que adotaram o mesmo hábito dos Irmãos docentes.

Em 1855 decidiu consagrar-se, junto com todos os Irmãos, à Virgem Maria Imaculada.

No dia 2 de abril de 1856, foi estipulado o ato de compra da Abadia de Tamié, onde foi aberta uma escola primária na qual podiam inscrever-se gratuitamente todos os jovens das localidades circundantes e distantes das escolas municipais.

Tudo parecia proceder muito bem em Tamié (onde os Irmãos estiveram presentes de 1856 a 1861), quando algumas ordens religiosas, saindo do trágico vendaval antieclesiástico, decidiram resgatar algumas das suas casas, entre elas também a cisterciense, e o Governo não opôs obstáculos; foi assim que, depois de alguns anos, os padres trapistas voltaram a tomar posse da abadia, com muito pesar e desolação de Irmão Gabriel. Com o valor em dinheiro recebido, decidiu ampliar a Casa Mãe de Belley. No entanto, as fadigas começavam a pesar sempre mais, e a partir de julho de 1864 Irmão Gabriel começou a enfraquecer fisicamente. Alimentava-se muito pouco e, quando chegou o tempo de fazer visita às diversas Casas do Instituto, suas forças começaram a falhar.

Consultando as efemérides da Casa Mãe, podemos acompanhar, dia a dia, sua passagem. Em 1864, passando o rigor do inverno, Irmão Gabriel retomou sua visita habitual, ainda a pé e contando com a divina Providência, aos Irmãos de Paris, na região da Grande Chartreuse, ao Sul da França, a Chambéry e na Alta Saboia. No mês de setembro foi acometido por certa rigidez nas articulações, acompanhada de cansaço. Nessa precária situação, ainda presidiu o Capítulo Geral, bem como o retiro espiritual dos Irmãos. No mês de outubro a grande fraqueza obrigou-o a ficar acamado. Aconselharam-lhe alguns dias de repouso em Lyon, na colina de Fourvière. Partiu no dia 3 de junho, mas, no dia 7, já estava de volta, mais fraco do que antes.

Em muitas partes da França rezava-se pela sua cura; no Santuário de Notre-Dame des Victoires, em Paris, sobre a tumba de São Martinho de Tours, sobre a do Santo Cura d'Ars, na Casa Mãe de Belley, e em todas as casas dos Irmãos.

No dia 18 de novembro, Irmão Gabriel chamou o Cônego João Maria Desseignez para a confissão geral. Na segunda feira, dia 21, renovou a consagração à Santa Virgem e recebeu, pela última vez, a comunhão. Por volta das quatro horas do dia 22 de novembro, teve a indulgência plenária *in articulo mortis* e, depois das oito horas da noite, pediu água com voz clara e fez sua higiene com a maior naturalidade. Às onze horas teve ainda a força extraordinária de escutar a prestação de contas da viagem a Chambéry dos Irmãos Raimundo e Bonifácio. Às duas e meia do dia 24 de novembro disse: "É o fim, é o fim" e, após beijar o crucifixo: "Irmão Raimundo arrumou muito bem as coisas em Chambéry, estou muito satisfeito".

O bispo de Belley veio visitar-lhe e recomendou ao clero de Belley e às comunidades religiosas da diocese que rezassem por ele e, quando os seus coirmãos pediram-lhe que se unisse às suas orações, ele respondeu: "Tudo que peço é que a vontade de Deus se cumpra em mim: não rezarei nem uma Ave-Maria para obter saúde".[1] Somente o Senhor, seu *Ineffabilis Deus*, tinha direito de prelação sobre ele.

No dia 23 as condições físicas pioraram e, num certo momento, exclamou, dirigindo-se aos Irmãos: "Como desejaria tê-los todos aqui, estes bons e queridos Irmãos, para vê-los mais uma vez e dar-lhes uma última bênção...".

A eles tinha dedicado todos os dias de sua vida: "Ele somente respirava por nós nesta terra", afirmou o então vice-superior do Instituto, Irmão Amadeu. Alguns minutos depois, disse: "Abençoo os meus Irmãos a cada instante; possa esta bênção contribuir para sua felicidade".[2]

Às três e meia da manhã, sem nenhuma agonia, "como alguém que adormece",[3] testemunha Irmão Amadeu, morreu[4]

---

[1] A narração é de Irmão Amadeu, então vice-superior do instituto, que permaneceu ao lado do Irmão Gabriel desde o início da atividade apostólica e que, a partir de 1850, foi colaborador incansável.

[2] F. Bouvet, op. cit., p. 382.

[3] Ibid.

[4] Irmão Amadeu, o vice-superior, foi imediatamente informado. Durante a oração da manhã, foi dado o anúncio do falecimento de Irmão Gabriel na Casa Mãe. O Cônego Desseignez celebrou a santa missa, o Capítulo da Catedral ofereceu-se espontaneamente para render as honras da sepultura, do mesmo modo que pela morte de um cônego. Logo todos os sinos da cidade anunciaram

de esgotamento, do mesmo modo como adormecera o amado amigo, Cura d'Ars, e com uma só voz podia com ele afirmar:

> Ide de mundo em mundo, de reino em reino, de riqueza em riqueza, de prazer em prazer, nunca encontrareis a felicidade. Toda a terra não pode satisfazer uma alma imortal muito mais do que um punhado de farinha possa saciar a boca de um faminto.[5]

Como viveu, assim morreu, como simples Irmão, santificando com o seu exemplo o ideal evangélico que tudo coroa na casa do Pai. Foi e continua sendo para todos nós o amigo do Cura d'Ars e aquele que se tornou em plenitude "simplesmente irmão"!

---

o falecimento de Irmão Gabriel. A câmara ardente foi preparada na sala maior da comunidade e ali o corpo permaneceu das nove horas de quinta-feira até os funerais de sábado, 26 de novembro. Sobre a tumba foi erigido um monumento e foram esculpidas estas palavras: "Ao ser fundador que, desde os primeiros anos mostrou fé viva e zelo ardente para a salvação das almas, para aquele que catequizou a infância a que amava ternamente, que triunfou sobre todos os obstáculos para fundar em seu favor uma obra útil e, ajudado pela Divina Providência, realizou seu projeto, seu sucessor, irmão Amadeu, e todos os seus irmãos aflitos e gratos". Desde 1998, descansa na capela Sant'Ana da Catedral de Belley, sob uma bela pedra funerária colocada em 2004, com esta simples escrita: "1799-1864 – Frère Gabriel Taborin, Fondateur des Frères de la Sainte Famille".

[5] G. M. Vianney, op. cit., p. 71.

Bibliografia

BECHIS, E. *Tonaca senza prete. Fratel Gabriele Taborin*. Torino, Borla, 1964

BIEMMI, E. *La sfida di um religioso laiconel XiX secolo.Fratel Gabriele Taborin (1799-1864)*. Universitá di Parigi-Sorbona/Istituto cattolico di Parigi-Facoltá di teologia e di Scienze Religiose, 1995.

BOUCHARD, F. *Frère Gabriel Taborin à l'école de la Sainte Famille*. Paris, Salvator, 2004.

BOUVET, F. *Vita di Fratel Gabriele Taborin. Fondatore dei Fratelli della Sacra Famiglia*. Chieri, Edizione Arti Grafiche AS.FA., 1990.

FOURREY, R. Vita autentica del curato d'Ars. Roma, Edizioni Paoline, 1983. In: MARTIN, B. J., *Histoire des moines de Tamié et de quelques autres*. France, Action graphique éditeur Saint--Etienne, 1991.

MOSCATELLI, E. *Gabriele Amico di Dio. Biografia Del Fratel Gabriele Taborin fondatore dei Fratelli della Sacra Famiglia*. Chieri, Fratelli dellla Sacra Famiglia, Grafosystem (Grugliasco), 1982.

_____. *Via Del Capitolo 7. Fratel Gabriele Taborin si racconta*. Chieri, Fratelli della Sacra Famiglia, 2002.

Positio super virtutibus. Betificationis et canonizationis Servi Dei Gabrielis Taborin Fundatoris instituti fratrum a S. Familia, Roma, 1985.

Summarium della vita, delle virtù e della fama di santità Del servo di Dio Gabriele Taborin, Estratto dalla Positio pubblicata dalla Congregazione per la Causa dei Santi. Postulazione della causa, Roma, 1985.

VIANNEY, G. M. *Importunate Il buon Dio. Pensieri e discorsi del Curato d'Ars, a cura di G. Rossé*. 3. ed. Roma, Città Nuova, 2005.

Impresso na gráfica da
Pia Sociedade Filhas de São Paulo
Via Raposo Tavares, km 19,145
05577-300 - São Paulo, SP - Brasil - 2014

Retrato de Irmão Gabriel Taborin,
de 1859, pintado em 1865
(Arquivo Sagrada Família – Chieri).

Irmão Gabriel Taborin, perfil realizado
a lápis por Irmão Prudence Arod
(Arquivo Sagrada Família – Belley).

"Vida familiar da Sagrada Família": quadro oficial (Villa Brea – Chieri).

Estampa sobre tela da Sagrada Família, divulgada por Irmão Gabriel entre 1835 e 1840 (Arquivo Sagrada Família – Belley).

Sagrada Família em madeira do artista Fernand Terrier (Capela dos Irmãos de Belley).

Belleydoux: local onde se erguia a casa de Irmão Gabriel, destruída pelos alemães em 1944.

Châtillon-em-Michaille: igreja onde Gabriel faz a opção pela vida religiosa.

Igreja paroquial de Les Bouchoux: Irmão Gabriel, juntamente com cinco noviços, faz a primeira profissão.

Saint-Claude, Rue La Poyat: primeira escola dirigida por Irmão Gabriel e cinco noviços.

Jeurre: primeiro local de apostolado paroquial de Irmão Gabriel.

Courtefontaine: onde Irmão Gabriel passou uma curta temporada.

Brénod: onde Irmão Gabriel foi catequista itinerante.

Champdor: castelo de Montillet, onde Irmão Gabriel
foi administrador por cerca de um ano, em 1830.

Santuário de Mazières: aonde Irmão Gabriel levava os jovens em preparação à Primeira Comunhão.

Igreja paroquial de Belmont.

Belmont: primeira casa do Instituto dos Irmãos da Sagrada Família. Sobre a porta se vê ainda escrito: *Etablissement religieux des Frères de la Sainte Famille* [Estabelecimento religioso dos Irmãos da Sagrada Família].

Pombal no parque do palácio episcopal onde foram hospedadas 46 pessoas durante um mês.

Catedral de Belley.

Casa-mãe dos Irmãos da Sagrada Família no tempo de Irmão Gabriel.

Dom Alexandre Raymond Devie, bispo de Belley e guia de Irmão Gabriel.

serez alors en effet mon juge. mais à présent vous êtes encore mon Sauveur et mon Père; ayez pitié de ma pauvre âme; je veux la sauver; oh! Disposez-la donc, je vous en prie très humblement, à paraître un jour devant vous. Et vous, ô Vierge immaculée! divine Marie, Mère de mon Dieu protégez-moi surtout dans ces derniers moments qui doivent décider de mon Sort éternel.

    Seigneur tout-puissant, Dieu d'Israël, écoutez encore la prière que je vous adresse et que je désire vous adresser éternellement pour la chère Congrégation que vous m'avez confiée, et que je remets entre vos mains; faites qu'elle soit votre œuvre et non la mienne; protégez-la; prenez soin d'elle en tout temps et en tous lieux; ne l'abandonnez pas à la puissance des ennemis qu'elle pourrait avoir; pourvoyez sans cesse à ses besoins, et faites qu'elle procure votre gloire sous votre main protectrice. Soyez favorable, ô mon Dieu, à tous les Frères et Novices de cette chère Société; répandez sur chacun d'eux vos grâces les plus abondantes; augmentez en eux la foi, l'espérance et la charité; donnez leur une vive horreur du péché et un regret sincère de ceux qu'ils ont commis, et dont je pourrais peut-être avoir été la cause par mes exemples ou par mon manque de vigilance; faites qu'ils aient le vice en horreur, qu'ils aiment leur vocation, qu'ils y soient fidèles, qu'ils s'y sanctifient et travaillent à sanctifier les autres; rendez-les tous contents et heureux en cette vie et en l'autre: telle est la prière, ô mon Dieu, que vous adresse, avec une vive ardeur, le plus pauvre des Religieux, le plus indigne des Supérieurs; écoutez-la, Seigneur, du haut du trône de votre divine majesté et bénissez ceux pour qui je vous l'adresse humblement Au nom du Père, et du Fils, et du Saint-Esprit. ainsi-soit-il.

    Belley, en notre Maison-Mère, le 25 Août 1864.

Frère Gabriel
Sup. Gral des Frères
de la Ste Famille

Página final do testamento de Irmão Gabriel.

Obras de Irmão Gabriel.

Autorização concedida por Dom Devie a Irmão Gabriel
para que lecionasse em Hauteville.

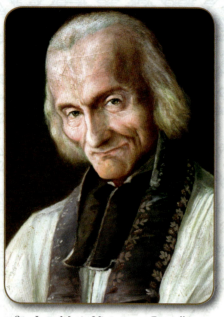

São João Maria Vianney, o Cura d'Ars.

Ostensório presenteado pelo Cura d'Ars a Irmão Gabriel.

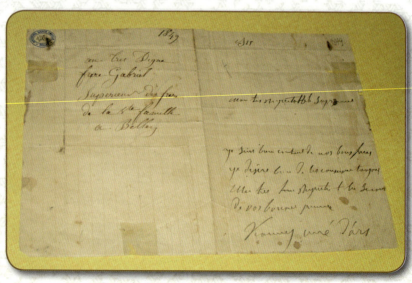

Carta do Santo Cura d'Ars a Irmão Gabriel, na qual se declara feliz pelos Irmãos a ele enviados.

Abadia de Tamié, adquirida por Irmão Gabriel em 1856 para transformar em uma "trapa mitigada" e restituída aos Cistercienses em 1861.

Belleydoux: a capela de Sant'Ana, de propriedade da família Taborin.

Lápide do túmulo de Irmão Gabriel na Catedral de Belley.